「もしドラ」現象を読む

Egami Satoshi　江上 哲

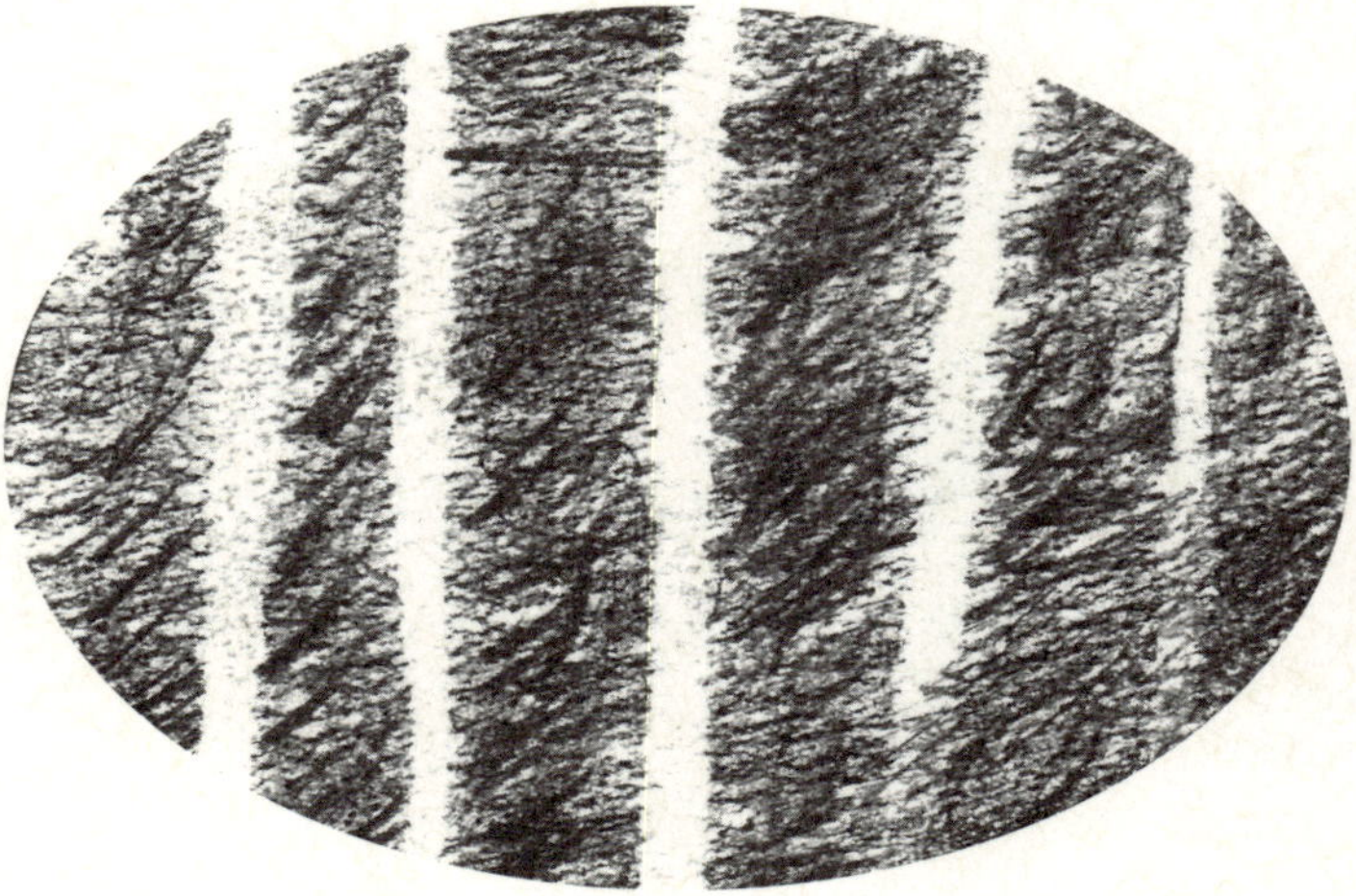

海鳥社

はじめに

『もし高校野球の女子マネージャーがドラッカーの『マネジメント』を読んだら』（岩崎夏海、ダイヤモンド社）という本が売れた。「もしドラ」と呼ばれ、二〇一〇年の年間一位のベストセラーである。しかも、それは多くの書店では「ビジネス書」に分類され、若いビジネスマンや経済や経営を勉強している大学生、さらには高校生もよく買っているようである。二〇一一年一月には売上部数が二〇〇万部以上に達したという。しかも、書籍だけではなく、NHKは「もしドラ」のアニメを二〇一一年に放映した。また、集英社は「もしドラ」を漫画化し出版している。さらにはAKB48のメンバーの一人を主演にして、映画も制作され二〇一一年に上映された。いわゆる「もしドラ」現象である。なぜこれほどまで「もしドラ」はもてはやされたのだろうか。

それは、端的に言えば今日のかなりの企業がなりふり構わずいわゆる「下流の消費者」に焦点を定めてマーケティングをしているからであろう。さらに言えば、マーケティングだけの問題ではなく、そこには大きな問題が隠されている。つまり、ビジネス教育の問題をはじめ日本のさまざまな今日の社会的問題が潜んでいるように思える。

ともかく一連のこの「もしドラ」現象と言うべき流れは、経営学分野のマーケティングを研究・教育している大学教員として、若者たちを「怪しく」蝕むものとして危惧している。そのことについて見逃すことのできないと思われる問題点に焦点をあてて考えてゆきたい。

本書の内容の大枠を述べておきたい。「もしドラ」の持つ四つの問題をそれぞれの章で分析し、それらを踏まえさらに最後の章でマネジメント教育や大学での経済学教育などの問題点を発展的に捉えたい。まずその四つの問題を各章で考えたい。

一つ目は一章で、「もしドラ」に感動した人々の「読書」をはじめとする学習への姿勢について考える。「もしドラ」を愛好し「感動」すればするほど、その読者は将来に向けて「下流的」方向へ加速的に導かれると思えるからである。さらに、「もしドラ」の構成的問題を指摘したい。結論的に言えば、「もしドラ」はいわゆる「下流階層」を新たに生み出すと考えられる。

二つ目は二章で、「もしドラ」に出てくるマネジメント（経営管理）の「時代認識」についての問題を取り上げる。契約社員などの非正規雇用で働いている人は「もしドラ」をどう読むだろうか、ということである。現在日本では、非正規雇用者が三割以上を占める雇用構造になっている。その非正規雇用者の彼・彼女らの多くは、「もしドラ」で繰り広げられる「心地いい感動」を伴う「人間主義」的経営管理法にどう思うだろうか。私は「もしドラ」

の「感動物語」が、社会的問題を隠蔽することにもなると思っている。つまり、「もしドラ」の時代認識は、まだ社会的経験の少ない若い人や大学で経営学や経済学などを学んでいる学生に計り知れない悪影響を与えると思える。

三つ目は、「もしドラ」の話の軸というべきマーケティングについて考える。「もしドラ」に登場する「顧客」の捉え方は、単純である。「もしドラ」で展開されるマーケティング論をそのまま信じて現実の企業で活用しようとすれば、その人は「不勉強」さをさらけ出すことになろう。もっといえば、「もしドラ」には最近のマーケティング研究の動向や議論の方向性が示されていない。したがって、「もしドラ」で展開されるマーケティング論について、専門的な研究者達のダイナミックな議論を踏まえて捉え直し、問題点を指摘したい。

四つ目は、「もしドラ」のストーリーにおける最終的な目標である「甲子園出場」が達成する過程についてである。そのストーリーを細かく分析し、問題を明らかにする。そこでは、「人間」の「可能性」を強調するいわゆる「人間主義的マネジメント」の問題を考える。そして「もしドラ」に危険な「自己啓発セミナー」と同質の問題を探り分析したい。

最後の五章で以上の問題点を踏まえて、より生産的なこれからのビジネス教育について展望してまとめたい。

大学生の就職活動における面接試験などで「最近なにか本を読みましたか?」と、人事の担当者から聞かれ、学生が「もしドラ」を読んで「感動」したことを臆面もなく述べ、「貴社で『もしドラ』のようなマーケティングをやりたい」などと言って、自己アピールする学生がしばらくは見られることが想像できる。

確かに、「もしドラ」は経営やマーケティングを勉強するきっかけにはなろう。しかし、「もしドラ」止まりの読者になってはいけないと思う。

そこで、あえて本書を書いた動機を言えば次のようになる。

「もしドラ」は、若者を心地よく「感動」させながら、より下流階層へ向かわせる危険性があり、そのことを多くの人に気づいてほしいのである。

二〇一二年三月十五日

江上　哲

「もしドラ」現象を読む◉目次

第三章　単純な「もしドラ」のマーケティング論

第四章　「もしドラ」と危険な「自己啓発セミナー」との共通点

第五章　「もしドラ」現象の底流にあるもの

第一章　マニュアル的な「もしドラ」の構成

「もしドラ」の構成と「孫引き」の問題

「困ったちゃん」を導入したストーリー仕立て

「もしドラ」は小説仕立てのストーリーで展開されている。東京都の西部にある都立程久保高校の野球部が舞台である。その高校は東大に毎年数名は合格する進学校と設定されている。したがって体育会系の野球部は強くなく、甲子園出場などは夢の夢であり、夏の東京都の予選でも三回戦止まりの力しかない。そのような野球部に、主人公である川島みなみがマネージャーに就任する。きっかけは、みなみの幼なじみで野球部のマネージャーだった宮田夕紀が病気のために辞めたからである。みなみは夕紀の代わりに二年生の夏休み前にマネージャーとして入部する。

だから野球部のマネージャーの仕事について川島みなみは、最初は何も知らない。しかも、みなみはその野球部を「甲子園に連れていく」と入部早々に部員たちへ言ったりして、最初の頃、野球部の監督をはじめ各部員とのコミュニケーションがうまくいかない。

このストーリー作りはテレビのドラマなどで見られる「困ったちゃん」を設定する手法と似ている（浅田直亮・仲村みなみ『「懐かしドラマ」が教えてくれるシナリオの書き方』彩流社）。

ある会社や家族を舞台にしたテレビドラマなどには、よく「困ったちゃん」が登場する。例えば、二〇〇七年に日本テレビで「ハケンの品格」という人気テレビドラマがあった。そこでは女優・篠原涼子扮する主人公大前春子が、派遣社員として働くところからストーリーが始まる。その春子は大型自動二輪免許など、さまざまな資格を二十以上もつスーパー派遣社員である。そして、春子がある食品会社の新設のマーケティング課に派遣され、その職場での人間関係が面白く展開される。春子は「ハケン」であるけれども、そこに働く正規雇用の人よりも仕事ができるなど、その職場のそれぞれの人にとっては、煙たい「困ったちゃん」である。したがって、春子を軸に多様な人間関係がドラマチックに展開される。

このような「困ったちゃん」ストーリーの手法は一九一〇年頃ロシアの文学批評の流れで生まれたロシア・フォルマリズムに関連するといえる。その批評論の中に見られる「異化作用」という概念が参考になる。その異化作用は、夏目漱石の小説『我が輩は猫である』にも見られると言えよう。つまりに猫の眼からさまざまな人間たちを見ると、思いもよらない「異化的」な視点から人間模様や人間関係が描写される面白さがある。

やはり、程久保高校の野球部の人々にとっては、主人公川島みなみは、無謀にも「甲子園に行こう」などと言う「困ったちゃん」だといえる。したがって、その「困ったちゃん」の眼によって、その野球部を、異化的に「白紙」から見ることができる。

みなみの野球部へのマネージャーとしての取り組みは「白紙」状態から、「マネジメント・ストーリー」が、ともかくも始まるのである。

これらの出だしは、「もしドラ」の読者も「マネジメント」については何も知らなくても良いですよと、著者岩崎氏が言っているのに等しい。読者も川島みなみと同じスタートラインに立つのである。

そして、みなみはマネージャーの仕事と言うべき「マネジメント」とは「何か」から考え始め、手始めに書店でドラッカーの著書『マネジメント―基本と原則［エッセンシャル版］』を購入する（以下断りがない限り『マネジメント』という場合は「エッセンシャル版」である）。

随所に『マネジメント』の引用が「印籠」のように
ドラッカーの『マネジメント』のエッセンシャル版は、よく知られているように上、下の二巻からなる大著『マネジメント―課題、責任、実践』（ダイヤモンド社）の要約版というべきもので、入門書でもある。そして「もしドラ」はその入門書のエッセンスを各所に引用してちりばめながら書かれているのである。

「もしドラ」の構成は次の八章からなる。

第一章：みなみは『マネジメント』と出会った
第二章：みなみは野球部のマネジメントに取り組んだ
第三章：みなみはマーケティングに取り組んだ
第四章：みなみは専門家の通訳になろうとした
第五章：みなみは人の強みを生かそうとした
第六章：みなみはイノベーションに取り組んだ
第七章：みなみは人事の問題に取り組んだ
第八章：みなみは真摯さとは何かを考えた

この八章からなるストーリーで、経営組織、人事管理、マーケティング、イノベーションなどが、野球部の活動と共に述べられている。

そして、その野球部で生じるさまざまな問題に対処するために、川島みなみは、ドラッカーの『マネジメント』をバイブルのように読む。まず、彼女は次のように決意する。

『マネジメント』を読み始めて以来、みなみには一つの信念が芽生えていた。

――「迷ったら、この本に帰る。答えは、必ずこの中にある」(岩崎夏海『もし高校野球の女子マネージャーがドラッカーの「マネジメント」を読んだら』ダイヤモンド社、以下「もしドラ」とする、四十三頁)

つまり、主人公みなみはその『マネジメント』を何の疑いもなく信じる。そこから、『マネジメント』の文章がことあるごとに引用される。たとえば次のように『マネジメント』から抜き書きされる。

企業の目的は、顧客の創造である。したがって、企業は二つの、そして二つだけの基本的な機能を持つ。それがマーケティングとイノベーションである。マーケティングとイノベーションだけが成果をもたらす。

(ピーター・F・ドラッカー『マネジメント』十六頁)

さらに、同様にその『マネジメント』からの引用が次のように続く。

これまでのマーケティングは、販売に関係する全職能の遂行を意味するにすぎなかった。それではまだ販売である。われわれの製品からスタートしている。われわれの市場を探している。これに対して真のマーケティングは顧客からスタートする。すなわち現実、欲求、価値からスタートする。「われわれは何を売りたいか」ではなく、「顧客は何を買いたいか」を問う。「われわれの製品やサービスにできることはこれである」ではなく、「顧客が価値ありとし、必要とし、求めている満足がこれである」と言う。

(『マネジメント』十七頁)

このように、「もしドラ」ではマーケティングなどの専門用語に対して、『マネジメント』から定義的な箇所を引用して示している。このマーケティングに関する引用は、まさに「消費者重視のマーケティングをせよ」と、ドラッカーが言っていることである。その考えはマーケティングの世界ではもう今や常識的な考えである。そのような類の引用が各章ごとに必ず数カ所ある。その引用の内容はともかく、その引用を多用する「もしドラ」の本としての構成の問題を考えざるを得ない。

細切れに『マネジメント』を「孫引き」する

甲子園に出場するための努力を軸に「感動」を与えるストーリー構成の随所に、まるで水戸黄門の印籠のように『マネジメント』の文章が引用される。なぜそういう構成になっているのだろうか。それは、著者が読者に大切なことを「抜き書き」して示しているからであろう。読者はこの「抜き書き」を学ばされる。しかし、この「抜き書き」を読む勉強方法には大きな問題が潜んでいるといえる。

テレビ番組の司会などで主に関西地域で活動されているタレントの遙洋子さんが『東大で上野千鶴子にケンカを学ぶ』（ちくま文庫、二〇〇四年）という著書を書いている。遙氏は社会学者上野千鶴子東大教授のゼミなどに参加し、東大で三年間勉強された。その本はその大学生活の記録と言うべき内容である。大学での勉強方法やゼミへの取り組みなどに対して悩んでいる人は一読して欲しい。そこではゼミでの発表やその準備、さらには東大生のゼミへ取り組みや勉強方法などが書かれている。例えば次のような東大でのゼミ発表に関することが生々しくが描かれている。


発表とは文献批判である。私にはいつまでたっても、「学問は教えをいただくもの」、から、「批判するもの」、への変更がままならなかった。ついつい「そーなんだ」と素直に読んでしまう自分を叱咤しつつ、「ほんとか？　ほんとにそう言えるのか？」の視座を失わないことは過度のストレスだった。

そして、読んだ。数え切れないほど読んだ。そして、驚いた。何の疑問もでない……。

発表で皆をよくうならせている学生に聞いてみる。

「そのとーりでござい、ごもっとも、というような文献の時ってない？」

「あるよ。」

「そんなとき、どうすんの?」
「批判するんじゃなくて、広げるんだよ。論点を広げることでなにか出てくるから。」
（遥洋子『東大で上野千鶴子にケンカを学ぶ』ちくま文庫一一三－一一四頁）

読者がもし今、大学生であればこの遙氏のような体験をしているのだろうか。また、大学を卒業して社会人になっている読者であれば、大学の時のゼミでの報告や発表を「文献批判」という姿勢で臨んでいただろうか。ともかく遙氏の本は今の大学生が、大学での勉強やゼミを再確認するためにもぜひ呼んで欲しい本である。その本の中でさらに注目すべき箇所がある。

遙氏が仲間の女性タレントO嬢と東京の代官山のフランス料理屋で二人だけで食事した時のことをその本で書いている。遙氏によればその女性タレントは容姿と知性とオシャレが「売り」のタレントである。

その知性で売っている女性タレントO嬢がその時、遙洋子氏の東大での勉強のための文献を見て、まずあまり平仮名がないのに驚く。そして、挙げ句の果てには、その女性タレントは文献を投げ捨て、遙氏に次のようにひとこと言う。

「よーこちゃん、勉強してわかったことだけ教えて。」

（『東大で上野千鶴子にケンカを学ぶ』四十二頁）

『マネジメント』に作者が赤線を引いた箇所を読む

「もしドラ」での抜き書き的引用のそれぞれの箇所は、種本というべき『マネジメント』に作者岩崎氏が赤線を引いた部分といえる。つまり、岩崎氏が大切だと思っている箇所を、読者に示しているのである。

先のO嬢のように「岩崎さん、『マネジメント』の大切なところだけを教えて」というような読者の要望に応えているといえる。つまりは「もしドラ」は先のO嬢のような読者を想定して書かれた本といえる。それらの読者は「コンパクト」にドラッカーの『マネジメント』を理解できると思っているのだろう。その「コンパクト」という「コンビニエンス」（便利さ）こそが、「もしドラ」をベストセラーにした一つの大きな要因だと思う。

中学や高校の時に、期末試験が近づき、教科書のある部分を先生が試験に出すかもしれないと言ったときに、そこを懸命に鉛筆やマーカーで線を引いた経験のある人は多いだろう。つまり、「もしドラ」のドラッカーからの引用箇所だけを大切に読むことは、中学や高校でのそのような期末試験の勉強方法とあまり変わらない。線を引いた部分を中学生の頃はともかくも無批判に「暗記」しようと努力をした経験は多くの人が持っている。したがって、「もしドラ」を期末試験勉強に役に立つような、分かりやすい書き方だと思う人は「問題」

である。

まず問題は、種本であるドラッカーの『マネジメント』を自分で読んで大切と思い、自らが赤線を引いた「箇所」ではないことである。「もしドラ」の『マネジメント』からの引用は岩崎氏の「フィルター」を通した「引用箇所」である。

エッセンシャル版『マネジメント』は三〇二ページからなる本で、価格も二一〇〇円する。また「もしドラ」も一六八〇円するのである。エッセンシャル版『マネジメント』との価格差は四二〇円である。それはカフェの珈琲代かタバコ代ぐらいの差である。しかし、その難しそうな本『マネジメント』は読まなくて、その「要点」を示してくれる本なら買って読む人が多いのである。

姑息な学習法と「下流志向」

「もしドラ」の「引用箇所」こそは、岩崎氏が重要と思って線を引いている箇所で、その箇所を読者は読まされているといえよう。

もちろん、「もしドラ」を契機にエッセンシャル版『マネジメント』や二巻本の本家の『マネジメント』を次に読めばそれはそれで良いと思う。しかし、「もしドラ」と『マネジメント』の販売部数の差をみても、そのような読者はどのくらいいるのだろうか。つまり「もしドラ」だけを読んで『マネジメント』を読まない「もしドラ」止まりの読者が多いと言えよう。

「もしドラ」止まりの読者は、姑息なのである。なぜならば、さきの遙氏の友人O嬢と同じく、役に立つところだけ手っ取り早く「他人」に教えてもらいたいのである。そのような勉強で良いのだろうか。さらに言えば、それは期末試験などに出るところだけを知ろうとする勉強態度だともいえる。

こうした学習方法をとる人は、今日の大学生にも多い。つまり役に立つことだけ学習したいと考えている大学生である。なかでも問題なのは、「役に立つ」かどうか、その「範囲」をすでに前もって自分で決めていることである。その決める基準は、テレビなどで仕入れた、いわば「床屋談義」的な知識がもとになっている場合が多い。大学ではその「手垢」のついた知識を払拭し「白紙」となることから勉強をはじめなければならない。しかし、そのようなダブラ・ラサ（白紙）になる経験を彼らはしない。

このような風潮を『下流志向』（講談社）などを書かれた内田樹氏は多くの著作で問題視されていることはよく知られている。つまり、何が「役に立つ」かどうか、まず自分の頭で考えることを大切にするのが大学での勉強である。「勉強の方法」を大学ではまず勉強するのである。しかし、その「過程」は飛ばして、「役に立つ」ことを、すでにもう自分で判断し、それだけを学習しようとする大学生は多い。例えば、大学の最初の講義だけ聴いて、すぐ「役に立つ」かどうかを判断する学生が最近増えている。これからさまざまに、なにが役に立つかどうかを学習しなければならない人が、すでに前もって「役立つ」ことを自ら決めているのだ。

こうした学習方法を私は「下流階層の勉強」と位置づけたい。「下流」という呼び方は、三浦展氏の『下流社会』（光文社新書）や内田樹氏の『下流志向』に示された「働かない学ばない」下流層の位置づけに依っている。この下流層の問題はあとでも考える。

大学の経済学部や経営学部の学生が実戦的な勉強をしたいとよく言う。彼らはお金を稼ぐために「役に立つ」ことを実戦的な学習とするのである。さらにいえばブランド大学を卒業し、良い会社へ就職することが大事なのである。結局は、それらの学生はお金を人より稼ぐようになるために大学を卒業したいのである。そのためには、ともかくも単位を取得して卒業しなければならない。その意味から言えば、「卒業証書」は自動車教習所で得る「自動車免許」みたいなものであり、大学は自動車教習所と同じ位置づけといえる。そこでは、何を勉強するかより、単位の取りやすい科目を受講することとなり、ここでも、試験に出る勉強内容しか関心がない。まさに中学や高校の試験勉強の方法がまだ大学でも続いている。

つまり、「もしドラ」だけ読んで「マネジメント」を理解したと思っている人は、まだそのような中学生的勉強の域を出ていない。やはり、中学生の試験勉強的な読書から成長していない人が、「もしドラ」のような本を読み、分かりやすい本だと思っているのであろう。その意味からも、「もしドラ」は「下流階層」が読む「下流本」と思う。

教則本的「もしドラ」

論文形式の試験が苦手な大学生

中学の試験勉強的読書のままで良いのだろうか。私が勤務する大学の経済学部は二年、三年、四年と三年間のゼミナールがある。マーケティング論を専門にしている私のゼミでは、おおよそ一学年十五人ぐらいのゼミ生を指導している。通常、私のゼミでは、指定した本を毎週一章ずつ読み、それを議論するのだが、そのために報告者はレジメを提出しなければならない。

レジメとは、ゼミの議論の叩き台となる報告内容をまとめた文書である。それを、おおよそA4の用紙に二～三枚にまとめて、それをもとに報告者は報告し、そこから皆で議論する。また、報告者以外のゼミ生もレジメを提出し、ゼミのメーリングリストを使い添付ファイルでゼミのある二、三日前に提出する。したがって、そのレジメはゼミ生全員が前もって見られる。そして、そのすべてのゼミ生は各レジメをプリントアウトしてゼミの時に持参し、報告者のレジメだけでなく、他のゼミ生のレジメも前もって読み、報告者のレジメを中心にそれを叩き台にして議論する。

しかし最初の二年生の時は、まずレジメが書けないので、私が書き方を指導する。つまり、その時点では彼・彼女らは大学二年生というより高校五年生なのである。そこで彼・彼女らにレジメを四つにわけ書くことを具体的に示す。それは議論する本にある一つの章について、以下の四つを書くのである。

①要約　②重要と思う点　③批判したい点　④自分の意見

ちなみに私のマーケティング論の定期試験では、論文形式で問う問題を出す。「〇〇について述べよ」というような形式を二問ぐらい各五十点の配点で出す。したがって、上記の四つに分けた項目は、私の論文試験を受ける学生にとって、答案の書き方の手本でもある。さらに言えば、そのような展開を評価の基準にもしている。もちろんその論文試験においては、最後の「④自分の意見」は、②の「重要点」や③の「批判点」を踏まえて論ずることになる。

今日の多くの大学生が、先に示したレジメの「①要約」や「②重要点」は本を見て抜き書きして何とか書ける。しかし、なかには②の「重要点」を、文章で展開できなくて、箇条書きで書いてくる学生もいる。それは、学生の多くが論理的に展開して述べるような頭の動かし方の訓練を高校では受けていないからである。今の日本の高等教育の水準を物語っている。そしてさらに問題なのは、③と④である。

暗記中心の受験勉強から抜け出ることのできない学生は、先の遙氏のように③の「批判」ができないのである。だから④の「自分の意見」なんて当然のごとく書けない。

定期試験について私が「論述形式の試験を出す」と、講義などで試験前にいうと、何人かがきまって次のような質問する。

「その論述には自分の意見を書くのですか」

そのような質問を真顔でする学生が何人かいる。それが今の大学生の現実である。その意味からも、私のゼミのレジメや卒業論文、さらには論述試験などにおいては③と④が重要な評価のポイントである。

「孫引き」的な「もしドラ」

「もしドラ」には『マネジメント』から随所に岩崎氏の教則本的な引用がある。その無批判的に引用された文章を鵜呑みにする読書は大人のすることではなく、やはり高校生レベルの「下流」といえる。さらにいえば、エッセンシャル版の『マネジメント』の本家本元は、上・下巻で千頁を超える大著『マネジメント』である。つまり、「もしドラ」が下敷きにしている「エッセンシャル版」は、ある意味では上・下巻からなる大著『マネジメント』の子供のような位置づけであろう。したがって、「もしドラ」にみるエッセンシャル版の『マネジメント』からの抜き書き的引用は、本家である大著『マネジメント』のいわば「孫引き」といえよう。孫引き的な引用を読んでもドラッカーの思想や精神に直接的には触れないし、本格的にはドラッカーを批判できないと思う。

ゼミなどで議論や批判をすることを相手の「悪口」だと思っている学生は多い。なぜゼミなどで批判し議論するかを理解していないのである。とくに、最近は中学、高校で「裏サイト」なるものが存在し、生徒たちが「自主規制」して他人のことを公の場で話さない傾向が見てとれる。それらの「ネット」による「悪口」に中学、高校の時に晒された経験があったり、そのような環境にいた大学生は、議論と悪口が峻別できないかもしれない。「裏サイト」などの存在は、大学生になっても議論できない要因になっていると私は思っている。異常なほどに周りのクラスメイトなどを気にするのである。

例えば、高校で昼食などを「トイレ」で食べている生徒がいるという。その問題をＮＨＫが「クローズアップ現代」で取り上げていたが、そこでは大学生でもトイレで食事をしている例を報じていた。大学の「学食」などで一人だけで食べているのを他から見られることが嫌なのである。つまり、友達が一人もいない奴と思われるのが苦痛なのである。

私の大学では、大学一年生の時から英語などの語学を中心にクラスがある。そのクラスは彼らにとっては重要な意味を持つ。そこでの立ち振る舞いは大学生活がうまくいくかどうかの試金石と言うべき重要なものになっている。よくそのクラスの友達が二、三人連れだって二年から始まるゼミに応募する。つまり、何を学ぶかより、そのゼミに友達がいるかどうかは彼らにとっては重要なことなのである。

最近は入学してまもない大学一年生全員で、泊まりがけでの合宿を行う大学が多い。そこで「合コン」風に「友人」を作ってもらうのである。したがって、その合宿のあと参加した学生に感想のアンケートをとると、「友人ができてよかった」との答えが第一位であることが多い。そのような友人は試験のためのノートなどを二年生、三年生になった時に借りたり、試験情報を交換するために必要なのである。一昔の私などの大学生の時は、それらは友人とは呼ばずにその類は「知り合い」と呼んでいたものだが。

つまり、今の大学生の多くは、ゼミなどでも議論し対象を批判するという姿勢が確立していない。したがって当然、批判的精神など生まれる素地がなくなっている。

外交問題などへの発言でよく知られる評論家の佐藤優氏が、ある講演会で次のようなことを述べていた。大学からの講演依頼がよく氏にくるそうである。そのなかには、「大学で何を学ぶべきか」という論題で話してくれとリクエストがあるという。そのことに対して、佐藤氏は「大学生に、大学で何を学ぶかを、なぜ話さなければならないのか。それは大学に入る前に考えておくべきことなのではないか」、というような趣旨を話された。私は大学人の一人として本当に情けなく、自省を込めて佐藤氏の指摘を甘受せざるを得なかった。

現在の大学生の知的水準に「もしドラ」のような本が合致してるからこそベストセラーになったといえる。つまり、議論などしない風潮を基盤とする大学生生活には、批判的な読書への姿勢などは、体質的に受け入れないのであろう。批判を悪口、議論は最後に「勝ち負け」になると思っている彼（女）らには、独自の批判的精神は宿らない。

ゼミなどで相手の意見や文献に対してなぜ議論や批判をするのだろう。例えば、報告者がレジメに自分の意見を書いていることに対して、なぜ反論し、批判するのか。それは、まず、その相手の考えをもう少し違う角度から考えたらその意見が面白くなるのではないかなどと、相手のために言ってやるのが議論であり批判であるからである。そのような基本的な議論のやり方を理解できていない大学生や社会人が最近特に多すぎると思う。

したがって、論理的に批判する体験がない人が、「もしドラ」を理論的に批判することは難しい。だから、「もしドラ」は「感動」とか「真摯」などの言葉がちりばめられているのであろう。無批判的な読書は、いわゆる世間にある「ステレオタイプ」の考えになびかざるを得なくなる。それこそ、ドラッカーの言う「イノベーション」にもほど遠い姿勢である。「イノベーション」には「批判的」姿勢と問題意識が重要であろう。岩崎氏の「ドラッカー」の読み方、さらにはドラッカーの「マネジメント」論そのものに対しても批判をする姿勢が大切であろう。

大学でどう学ぶのか

啓蒙書と専門書の違い

ドラッカーの著作『マネジメント』に対してもやはり、研究者などは批判しているのである（最近では「現代思想」青土社、二〇一〇年八月号にいくつかの批判論文がある）。以後の二章三章では「もしドラ」批判とともにドラッカーの批判も述べてゆきたい。ここでは、もう少し「もしドラ」の全体的な構成と内容を問題にしたい。

経済学部や経営学部の大学を卒業された人も「もしドラ」を読んでいると思う。その人たちは卒業論文を書かれたとしたら思い出して欲しい。卒業論文を書くときに、専門書を読まれ、それを参考にされたであろう。しかし、最近の学生は啓蒙書と専門書の違いをわかっていないし、最近は、専門書を一度も読まなくて、大学を卒業している学生はかなりの割合になると思う。

専門書と啓蒙書とは違う。その違いは、やはり他者からの「批判性」をその本のなかに積極的に取り入れているかどうかが大きな違いだと言えよう。平たくいえば、その本や論文に、他のさまざまな著作から文章を引用し、その注記があるかどうかで見分けることができる。なぜそのような注を専門書や論文は付けるのだろうか。それは、自らの展開する論説が、他の研究や見解をふまえて展開していることを具体的に根拠として示すために引用し、その引用元をはっきりさせることや、本文にさらに付け加えて説明をする場合が必要となるからである。

プレゼンや議論に「逆接」はあるか

論文は最終的には自分の意見を展開しなければならないのはいうまでもない。啓蒙書は自分の意見を軸に展開し読者を啓蒙している。しかし専門書のその意見は、啓蒙書のそれよりもより緻密に展開しているのである。専門書に展開される自らの意見は、他の意見も十分に参照しながら展開するのである。

つまり、専門書においては、自分は「〇〇と思う」という際、他の論者のさまざまな意見を参照して示すなどして、書いている。そこでの他の論者の意見は、自分が展開しようとする考えに批判的であるかもしれない。その「批判」を具体的に引用して、そしてさらにそれに対応して自分の意見を反論的に書いているのである。専門書や論文は自分の意見をあらゆる角度からの批判も想定して書いているのである。それに対して「啓蒙書」は自分の言いたいことを中心に展開している。

さらにいえば、「専門書」は自分の主張をより正確にするために、他の著書から援用的に引用する場合もある。そのようにして書かれた著作が専門書であり論文である。

啓蒙書と専門書の違いがわからず大学を卒業している人が近年は多いと思う。そのような人は卒業論文を書けないし、大学生の時に専門書を意識的には読んでいないであろう。専門書を読めない学生が多くなってきていることを、大学で教育をしていると最近とくにひしひしと感じる。

卒論の参考文献や引用文献に専門書が少ないし、啓蒙書やインターネットのウィキペディアからなどの辞書的な引用が多い。ましては、卒論を課さない大学も多くなっている。卒論は大学での「総仕上げ」の証しである。その卒論も十分に書かなくて、卒業している大卒者が増えている現状が、「もしドラ」のような本が二〇〇万部も売れる背景にあると思う。

先に示したように私のゼミでレジメを四つの項目に分けることを、最初に教える際に、重視するのが③の「批判」の部分である。②の「重要点」で自ら重要と思うところを選んだ上で、その重要点を超える批判的な眼で、「だが、しかし」と批判するのである。つまり、①要約②重要点と順接的に展開する論調を、③で「だが、しかし」と逆接的に展開を変える。それが③批判の箇所である。そこでの「逆接」が大事なのである。その③がないと、最終的な④の自分の意見が面白くないのである。もちろん、先の遙氏のように逆接的に「批判」が展開できなければ、次善の策として、②の重要点をさらに視点を変えて、自らの問題意識をもとに、応用的に同じような例を独自に挙げる展開でもいいのである。

レジメや論調が同じような内容で、だらだらと「順接的」につづくより、ポイントは③で展開を変える「逆接的」な内容を考えているかどうか。それは、ゼミのレジメだけではなく、会社におけるプレゼンや報告をするさいにも、重要であると言える。したがって、「もしドラ」のような無批判的な内容の本に感心したままで、マネジメントを理解することは「独自性」や「創造性」のある考えが生まれる素地はない。

「もしドラ」が二〇〇万部も売れるこの日本の教育の問題は「深刻」である。NHKが「もしドラ」をアニメで放送したことも含め「もしドラ」現象と呼ぶべき風潮は、これからのビジネス教育、これからの日本経済にまで射程にいれ、改めて今の日本の高等教育を考える「出来事」だと思う。

マニュアル本「もしドラ」は感動ストーリーで化粧する

「もしドラ」の批判性のなさをより分析してみよう。それは、「もしドラ」の書き方に如実に表れている。「もしドラ」にはファストフードなどでアルバイトする際に渡されるマニュアル書と同じ構造が巧妙に隠れている。

「もしドラ」の種本と言うべき『マネジメント』(エッセンシャル版)を、「もしドラ」を読んだのを契機に、購入し読んだ人もいるであろう。その人たちは、その書き方にある種のマニュアル的な本だと思われたのではないか。それは、本家の上・下巻ある大著『マネジメント』と比べれば直ぐ理解できよう。

そのエッセンシャル版『マネジメント』の内容は三部構成で章立ては次のようになっている。

パート1　マネジメントの使命

第一章企業の成果
第二章公的機関の成果
第三章仕事と人間
第四章社会的責任
パート2　マネジメントの方法
第五章マネジャー
第六章マネジメントの技能
第七章マネジメントの組織
パート3　マネジメントの戦略
第八章トップマネジメント
第九章マネジメントの戦略
付章マネジメントのパラダイムが変わった

またさらに各章ごとに三つから六つぐらいの節が設けてある。例えば、一章の「企業の成果」の内容は次のような節からなっている。

「二企業とは何か」「三事業は何か」「四事業の目標」「五戦略計画」である。そしてそのそれぞれの節には序数的な番号が付してあり、最後の節の番号は45の「マネジメントの正当性」で終わっている。またその節の展開の中には、箇条書きがほとんど必ずあり、多用されている。たとえば、第一章の「企業の成果」の第二節というべき「企業とは何か」には、「利益の持つ機能とは何か」の小見出しの後に、次のように①②……と箇条書き項目が示されている（二十一頁）。

①利益は成果の判定基準である。
②利益は不確定性というリスクに対する保険である。
③利益はよりよい労働環境を生むための原資である。
④利益は、医療、国防、教育、オペラなど社会的なサービスと満足をもたらす原資である。

つまり、各章には節が続き最後まで通し番号で示され、その節のなかにさらに箇条書きがある。その構成は、いわば法律何条、第一項などというような構成をなしている。あえて言えば官庁などが示す公文書的であり、辞書的な構成をなしている。その意味からも、マニュアル的である。「もしドラ」の主人公みなみは、野球部の運営において困難に直面したとき、その問題に該当する項目を『マネジメント』で辞書的に調べる。そして、そこでの箇条書き的文言を信奉し野球部をマネジメントしていると言えよう。

本家の大著『マネジメント』上・下の構成はもちろん違う。やはりその要約版であるエッセンシャル版『マネジメント』は全体としてマニュアル的に書かれている。

一般的にいって無味乾燥的なマニュアルを読んでも面白くない。「もしドラ」はそのマニュアル的な箇条書きを教則本的に示している。しかもその教示の仕方が、感動というオブラートと共になされているのである。これも「もしドラ」の売れた要因であり、作者岩崎氏の下流層に向けた「マーケティング」といえよう。

大学での経営学の勉強は「金儲け」のためか

以上のようなマニュアル的な「もしドラ」が、なぜ多く読まれるのだろうか。ここでさらに角度を変えて深く分析してみたい。それは、大学での勉強の位置づけの問題と大きく関連していると思う。

かつて多くの国立大学などでは、二年までは主に一般教育（教養課程）課程と呼ばれ、三、四年が専門教育（専門課程）とされていた。また、その一般教育課程（教養課程）では、社会科学、自然科学、人文科学の三分野からそれぞれ二科目、つまり八単位以上取得するのを多くの大学が課していた。しかし、一九九一年に大学設置基準が改正され、その一般教育と専門教育の区分などが緩和された。いわゆる「大学設置基準の大綱化」がおこなわれた。それ以降、多くの大学でその教養的な課程で、社会科学、自然科学、人文科学からそれぞれ二科目（八単位）履修しなくてよく、自分の好きな一般教育科目の単位を取得してもよい状況になっている。

例えば、すべてを自然科学の生物学、化学、物理学、地学などから、八科目好きな科目をとって良いのである。それはやはり、幅広い教養を身につけるという点から問題が生じていると言える。例えば、高校においても、大学受験のために、範囲の広い世界史より日本史を高校生が重視する傾向がある。そのことと関連し数年前、高校で必修科目である世界史などの未履修問題が明らかになったのは記憶に新しい。経済学部で学ぶ学生が、社会科学の政治学などを履修しなくてもいいのである。「大綱化」と大学受験の問題とが重なり、まさに「常識的にモノを知らない」大学生が増えている。さらにいえば、自分が大学で何を勉強しているのか、学問体系の中でその位置づけさえできていない大学生が多い。

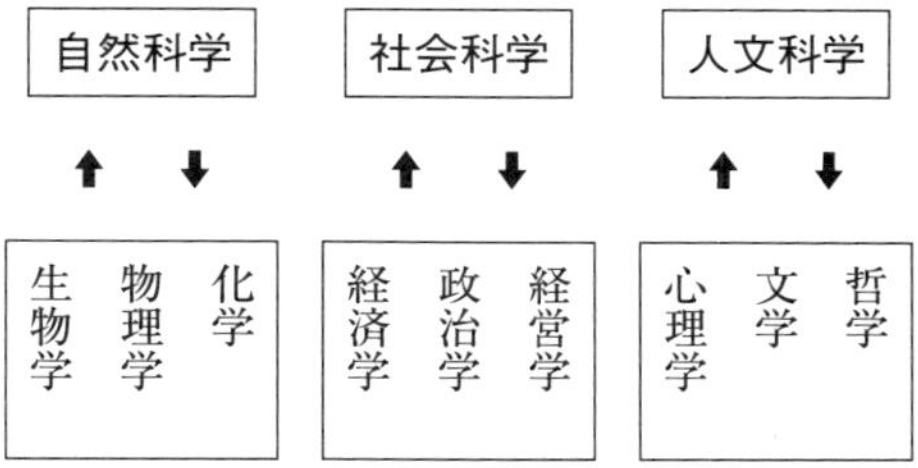

図１　学問の位置づけ

今の経済学部や法学部の学生は「社会科学」を勉強しているという意識がどれほどあるのだろうか。それぞれの学問体系の位置づけを古典的とはいえ確認しておこう。

大きくは学問分野は自然科学、社会科学、人文科学に分けられてきた。そして、その分野にはそれぞれ生物学、経済学、心理学などがある。例えば、経済学を勉強するというのは、経済を通して社会を知るということである。そしてそこからまたフィードバックして経済学に帰ってくると考えてよいと思う。同じように、生物学を通して「自然」を知るのが生物学を勉強することである。また、人文科学の心理学は「心理」を通して人間のそのものを知るのであろう。

最近の大学生は自分が勉強している分野の位置づけを意識しない。経済学は経済を知るだけではない。経済学の勉強の行き先の方向としては、社会を知るために勉強するのである。ましてや、「金儲け」のためではない。経営学もそうである。社会を知るために、さらには社会における問題について経営学を通して知るために、勉強するのである。最近の大学生は、このような初歩的な勉強の方向性を考えない。いや教わらないのであろう。さらに言えば、法学部や経済学部で勉強して卒業した社会人は大学生の時、そのような方向と意識で勉強していましたかとたずねてみたい。こうした疑問を大学での教育活動の中で感じるのである。

マーケティング論も社会科学の範囲にある。したがってマーケティング論を通して社会を知るのである。銀行論も財政学も社会を知るために勉強するのである。さらに平たくいえば、社会科学という頂上にむけて、ある者は財政学の登山道から、ある者はマーケティング論のそれから登ってゆくのである。

キャリア・デザイン学部という不思議な学部の出現

このように大学の勉強の方向を述べると、多くの読者から反発の声が想像できる。「何をきれい事を言っているのか」と。大学は結局は就職のために行くのだと思っている人が多いであろう。大学自身も最近では就職に強い学部などと宣伝・広告する。さらにはキャリア・デザイン学部などという学部すら創設する。それらの学部創設は、就職に強いことをアピールし、学生の就職がスムーズに行くことを大学が戦略としていることが見える。

もともと大学の学部は、経済学、法学などの体系的な学問を中心に創られていた。しかし最近は、キャリア・デザインなどという学問が確立しているのかどうか疑わしいが、現実には有力な私立大学でもそのような学部が創られている。その教育内容はともかく、そのキャリア・デザイン学部の受験生の多くは、「就職に有利」だという考えがまずあって、志望している人は多いと思う。その学生はキャリア・デザイン学を通して何を最終的に知ろうとしているのだろうか。さらにいえば、そのような就職への直接的な便益を得ようとする志望動機を考えると、それらの学生は学問的かつ意識的に、企業などを社会的に批判ができるようになるであろうか。

もちろんキャリア・デザイン学部だけでなく、経済学部でもおなじような問題を抱えている。たとえば、私のゼミを志望する際、その動機を書いた文章があるので二人のゼミ生のそれを一部紹介してみよう。

江上ゼミに入りたいと思った動機は、マーケティングについて学ぶことが出来ると思ったからです。経済学部で一番マーケティングについて学びたく入りました。まだマーケティングについて全然知りませんが、市場をリサーチして、データを取るだけではなくなぜこの市場では、このようなデータが取れるのかやどのようにしたら、もっと市場が拡がるのではないかといった数字だけでは表せないようなことを学びたいと思い……。

私がこのゼミナールを志望した動機は、本屋や、CDショップに立ち寄った時に〝手前の棚に平積みしている雑誌や、視聴できるCDがどのように選ばれているのか知りたい〟という些細な疑問から始まりました。その疑問を解くためには商品・サービスを促進する活動であるマーケティングを学ぶことが必要だと思ったからです。

以上は大学二年の四月頃、自己紹介欄にゼミ生が書いた一部である。「CDがどのように選ばれているか」という場合の「自分」は第三者的な位置にいるのだろうか。自分が「マーケティング」を勉強したいと思う「欲望」はどうなっているのか。自分を「白紙」にする時間がゼミでもある。

まだ自分の「欲望」を考えたり、社会科学としてのマーケティング論という観点がない学生は多い。このような意識の学生が私のゼミに応募してくるのがほとんどである。つまり、マーケティングは商品を売るための「実戦的」な勉強と思っている。それが、就職などに役に立つと、考えているのであろう。

しかし、実践的な「マーケティング論」と社会科学的な「マーケティング論」の溝は深く隔たりは大きい。特に、リーマンショック以後続く不況により、大学生の就職が「超氷河期」などと呼ばれ「実戦的」な勉強を経済学部の学生などは強く望む傾向にある。したがってマーケティングを通して「自己」や社会を考えるなどという勉強は、今の学生にはなかなか受け入れられない。やはり、雑誌やCDなどの商品がどう売れるかなどを「知る」実学的勉強が好まれる。それらの傾向が「もしドラ」が持てはやされていることと関係があると思う。

「もしドラ」読者の多くは実戦的な「マネジメント」という勉強を、コンパクトに速く、「楽しく」勉強できると思っているのであろう。さらには有名な経営学の大家であるドラッカーの理論を「要約」的にすぐに学べると思うからである。やはり「マネジメントをされる人」より「マネジメントをする人」になりたくて「もしドラ」を読んでいる人は多いと思う。自分は「マネジメントする人」にすぐになりたいのだろうか。その自分の「欲望」を「要約」的ではなく、ゆっくり分析することが、まず大切だと思う。

「もしドラ」読者の「下流志向」

三浦展氏は『下流社会』（光文社新書）という著書で新たな階層分化が生まれていることを分析した。そこではこれまでにない「下流」階層の形成を明らかにした。

高度成長期以後、日本の社会階層において久しく「総中流化」傾向にあるとされてきた。そのような中で、小沢雅子氏が『新「階層消費」の時代』（日本経済新聞社、一九八五年）という書を著し注目された。小沢氏は、まず、一九五五年から一九七〇年代の初頭におけるいわゆる高度成長期の消費動向を全体的に「大衆消費時代」と位置づける。このことはよく知られていることである。そこから、低成長期に入って、その時期の消費を小沢氏は「新『階層』消費」の時代と位置づけ、供給側と需要側の変化を分析した。

そこでいわゆる中流意識が徐々に崩壊に向かっていることを分析した。その大きな要因を、所得・資産の格差により消費の内容が明らかに違っていることを統計学の因子分析などで明らかにした。とくに「金融資産」や「持ち家」などの財産を持つ階層は、高級品志向が強く、一方、アパートに住むなど「資産」の乏しい人は、価格志向の消費行動をすることなど、中流階層の消費が二極分化している実態を明らかにした。

そのような、小沢氏のように階層と消費の関係を分析した優れた研究はこれまでにもいくつかあった。しかし、三浦展氏の『下流社会』は、所得・資産の多寡からの分析というより低所得者層の生活「信条」というべきところまで射程に入れ下流化を分析している。その点に注目が集まり、ベストセラーになったといえよう。

つまり、三浦氏は階層分析の視点を変え、これまでの階層把握を覆し、生活能力もなく働かず、学ぶ意欲もない、所得も低い、いわゆる下流層が形成されていることを、所得だけでなく、いわば「意識」の面も射程に入れて捉えている。

三浦氏が団塊ジュニアにおける下流層の生活を具体的に描写している展開をみてもこれまでと違う分析である。三浦氏は、まず下流層がパソコンをはじめインターネット、テレビゲームを好むなど、ＩＴ機器を日常生活でよく使っていることに注目をされている。三浦氏の分析は、低所得層と関連深い下流層における「情報化」について、見直しを迫るものである。

まず、今ではお金のない人が、パソコンを持てず、インターネットなどを出来ないというような状況はなくなっていると、三浦氏は述べられている（三浦展『下流社会』、一七九頁）。さらに氏は次のように下流者の生活における一断面を具体的に興味深く示される。

「パソコンの前に座って、ペットボトルの飲料を飲み、ポテトチップスを食べながら、インターネットをしたり、ゲームをしたり、携帯でメールを打ったりしているという姿が浮かび上がってくるのだ」（『下流社会』一八〇－一八二頁）と。

このような下流者の出現を分析しながらも、三浦氏は「彼らは果たして不幸なのか?」、さらには、「それで何か問題でも?」とあえて問われている。

それらは、「もしドラ」が「二百万部も売れることが問題なのか?」と同種の問いかけだと、いうことにもなろう。これらの問いのもう一つ奥に、下流層の人々がある種の「開き直り」を持っている点に三浦氏は気づかれていると思う。やはり三浦氏のような下流層の分析からは、過去の「下層階級」の貧困さとは違うものを感じざるを得ない。

そして、最近では三浦氏の示した下流化の問題と「格差」の問題が連動してさまざまな分野で「下流」の問題が論じられるようになっている。

その格差論の嚆矢的研究と言うべき著として苅谷剛彦氏の『階層化日本と教育危機』(有信堂高文社)がある。

苅谷氏は教育問題を軸に階層化の持つ危機を「階層と教育」という視角から論じられている。

近年では、比較的低い階層の出身者にとって、「学校を通じた成功物語」から降りてしまうことが、自信の形成につながること、そして、そのようにして形づくられる自己の有能感が、翻って、彼らをますます学習から遠ざけてしまうメカニズムが作動しはじめていることを実証的に提示する。低い階層の出身者にとっては、肯定的な自己イメージの形成が、教育から降りることによって促される。そのような自信の形成に及ぼす階層の影響について考察するのである。

（苅谷剛彦『階層化日本と教育危機』有信堂高文社、一二四頁）

このような問題意識からなされた分析は大きな影響を教育研究分野だけでなく、さまざまな分野におよぼした。苅谷氏の研究方向はさきの三浦氏の分析と通底している部分が多いと思う。

さらに内田樹氏は、この苅谷氏の研究に刺激を受け、『下流志向』（講談社）という著作を書かれた。そこでは、内田氏独自の下流論が発展的に展開されている。その内田氏が、苅谷氏と対談している注目すべき記事が「中央公論」（二〇〇九年三月号）に「お金と学力、その残酷な関係の行方」と題して掲載されている。この対談は、非常に面白く「もしドラ」現象を考えるうえでも傾聴に値する。その対談の一つのポイントは、苅谷氏の『階層化日本と教育危機』が研究対象とした時期が一九七九年と一九九七年の調査分析であることを踏まえ、その後この下流化問題がどのように推移しているのか。その点に関心のある内田氏と苅谷氏の対談がなされている。

一九七九年と一九九七年の間と、一九八九年と二〇〇一年との間での小学生と中学生のテストの比較分析によると、小学五年、六年生の間でも学力の階層差がやはり広がっていると、苅谷氏は指摘している。それらを踏まえて二人の対談において重要な下流論が語られている。

ここで注目をしたいのは下流層の人にある優越感と自信の形成のイデオロギーが強化されている点である。その点を論じる二人の意見を聞いてみたい。内田氏は下流層の「自信」イデオロギーについて次のように述べられている。

……このイデオロギーこそが、このイデオロギーの信奉者を構造的に階層下位に固定化している。今の日本社会で何よりも悲惨なのは、階層化によってもっとも苦しんでいる階層下位の人たちが、階層を強化させるイデオロギーのもっとも熱心な信奉者であるという逆説なのです。（対談　内田樹・苅谷剛彦「お金と学力、その残酷な関係の行方」「中央公論」、二〇〇九年三月号）

イデオロギーというういわば社会的な意識は、まさに捉えどころのない「空気」のようなものである。しかしながらそれは日々の生活を規定する。そのことを踏まえ考えると、内田氏が言うように下流者は出口のないダブルバインドに陥っているといえる。内田氏はさらに上層部と下層部の位置づけを的確に次のように述べられている。

多くの人は、上位階層と下位階層では、金の分配に不公平があると思っている。しかし実際には、階層上位の人の特徴は、「金がある」ことではなくて、「金があるかどうか」ということを一次的な問題にしない、ということなのです。階層上位の人間ほど、「金だけ」では何も実現しないことを熟知している。だから、知識や技術の習得や、相互扶助的な人間関係の構築や、文化資本の獲得を金儲けより優先させる。そして、その結果、リスクがヘッジできるし、質の高い情報も入ってくるし、分析力や観察力もすぐれてくるから、階層上位に一層安定する。ところが、階層下位の人間は、「金ですべてが決まる」と信じ込まされているので、金のこと以外にはまったくリソースを投じない。結果的に自分で自分を階層下位に釘付けにしてしまう。

（「お金と学力、その残酷な関係の行方」）

上層部がリスクを分散（ヘッジ）して、あらゆる問題に柔軟に対処できるのに対して、下層部はリスクを進んで取りにいく、つまりリスク・テイカー（Taker）になってゆくのである。この内田氏の上位階層と下流階層の対照的位置づけは的確であると思う。いわば痒いところに手が届く分析だともいえる。

なかでも注目したいのが、「お金」に直接結びつかない知識などの獲得を目指す上位階級についてである。それは、先に私が述べたように、学問を社会科学や自然科学という上位の方向へ意識しながら読書や議論することに関連するといえよう。すぐに金儲けに役立つような勉強ではないのである。その点に関しても、この対談で東大大学院教授でもありオックスフォード大学の教授でもある苅谷氏が次のように述べられている。

ヨーロッパの大学は、基本的に国立で無償です。つまり税金で大学運営が成り立っている。しかも大学に行くのは、比較的お金に余裕がある人たちがほとんどです。だけど文句が出ない。つまり、学生も社会も、「大学で学ぶということは個人の受益のためではなく、社会のためだ」という公共性のロジックに一応納得しているからこういう仕組みが続くんですね。でも、今の日本のように、「高等教育を受けて得するのは個人だ」となれば、「誰がその教育費を負担するのか」という話に敏感にならざるをえません。

（「お金と学力、その残酷な関係の行方」）

この苅谷氏の指摘こそは、先に私が、大学での経済学や経営学などの社会科学的な勉強において「社会を知る」ことの重要性を述べたことと、やはり深く関連する。さらにいえば、日本の大学教育はアメリカ一辺倒ではなく、ヨーロッパの大学の社会的役割を見習い再確認する必要があろう。

苅谷氏のいう「学校を通じた成功物語」から降りてしまうことが、下層にいる人の自信の形成につながるということは、下流者が学校の勉強を信じていないのである。

さらにいえば、内田氏もほかの著書などで指摘しているように、そのような下流層をピンポイントで企業のマーケティングは餌食にするのである。そのピンポイントは「もしドラ」止まりの読者層かもしれない。「お金儲け」のためにマーケティングやマネジメントの勉強をしようとしている人が、「下流」に釘付けさせようとする下流マーケティングの標的になっている皮肉を感じる。

無批判的な「わかったことだけ教えて」という勉強は、「社会」に対する独自の考えや意識が生まれるはずもない。やはり「わかったことだけ教えて」というのは、手早く「マネジメント」なりを「自分のため」に知りたいのであろう。そのような勉強は、「社会ため」という方向にはなかなか向かわないであろう。

社会を知るために社会的問題意識を抱き経営学やマーケティング論を勉強するのであれば、そんなに「せっかちに」勉強することはないのである。ゆっくり経営学を通して社会を知ろうとするなら、体系的に順序よく徐々に勉強するはずである。

何かに直ぐに役に立てようとするから、無批判的でマニュアル的な「もしドラ」を読んでいるといえるのではないか。迫っている就職活動のためとか、身近な職場の人事管理などの必要から読んだ人もいるであろう。さらにいえば、ブランド的な「ドラッカー理論」を手早く知り、周りの人を尻目に「出し抜き」たい気持ちがあるのだろう。そして、それは就職戦線に打ち勝つことができたり、仲間内で評価されることに繋がり、究極的には「金」になると思っているのではないかと思う。

そのような読書はやはり近視眼的で「下流的」読書や勉強だといえよう。世間的には経営学の大家ドラッカーと思われていても、経営学に関する学会でも批判も多いのである。それをただ「岩崎フィルター」だけを通して知る勉強の程度では、先の内田氏がいうようにますます下流層から抜け出せない。

第二章　「もしドラ」の人間主義的マネジメント

ドラッカーとマルクス

ドラッカー思想の背景

ドラッカーの父は、政府の高官（貿易省次官クラスなど）や銀行の頭取を努め、母は医師資格を持つ人であった。一九〇九年にウィーンに生まれている。その当時のウィーンはまさに学術的にも文化的にもヨーロッパの中心的な都市だった。そして、その隆盛を誇るウィーンでドラッカーは幼少期を裕福な家庭で育った。

「もしドラ」でも述べられているようにドラッカーも経営における「イノベーション」を重視した。イノベーションにおける「創造的破壊」論を唱えた経済学者として知られるシュンペーターとドラッカー家は当時交流があったという。さらには、ドラッカーは、『大転換』などの著書で知られる経済人類学者カール・ポランニーとも親しく、二人は長い交際を続けている。ともかくも、彼は若い時はまさに華麗なる一族の一員として、当時の一流の学者や研究者と接している。しかし、長じてアメリカに渡り大学での職を得るまでは、彼の辿った道は平坦ではなかった。

彼の著『傍観者の時代』には彼の幼少の頃が回想されている。一九二二年、ドラッカーが十二、三歳の頃のウィーンは、インフレなどによりドラッカー家の財産も急速に価値が目減りするなど、経済的にも政治的にも不安な時期だったようである。したがって、当時の資本主義経済に対して世論は批判的で、社会民主主義が台頭していた。その不安定なウィーンからドラッカーは去り、一九二七年にドイツに移る。しかし、しばらくするとアメリカに端を発した世界的恐慌の波がドイツにも及んでくる。そうしたなかでナチスが力を持つようになり、ユダヤ系のドラッカーは、一九三三年にロンドンに渡る。そこでは、世界恐慌の影響をうけた英国経済の将来についてさかんに議論がされていた。その議論の中心にケインズのいわゆる「大きな政府」論があり、ドラッカーもそれらの論争を目の当たりにしている。経済体制だけでなく、アメリカなどの政治体制にも大きな影響を与えたケインズの主著『一般理論』が一九三六年に刊行されている。

一九三七年にドラッカーはアメリカへ移り、後にノースカロライナ大学などで職を得る。しかしすぐ、一九三九年には第二次世界大戦が始まる。

三十歳までのドラッカーを囲む社会状況はまさに激動の時期であり、ドラッカーはその渦中にいたともいえる。それが、彼の思想基盤に影響を与えないはずはない。

ドラッカーの「全体主義」批判

立教大学名誉教授で日本の経営学を「家の論理と資本の論理」から位置づけて、独自の論理で研究された三戸公氏は著書『随伴的結果』（文眞堂）などでドラッカーの思想基盤を二つの大きな思想的な流れの中に見られている。それは、一つはナチスなどの「全体主義」であり、あと一つは旧ソ連の社会主義にみる「全体主義」である。ドラッカーは一九四二年に発刊した『産業人の未来』（田代義範訳、未来社）において、全体主義批判を展開している。彼はそこで、ヒトラーのナチズムはもちろん旧ソ連の社会主義による政治体制をも「全体主義」と見ていると言える。

第二次大戦後もソビエトとアメリカを頂点とした冷戦構造が続く中で、ドラッカーは経営学だけなく、思想研究も含めた「社会生態」学者として数々の著作をアメリカにおいて世界的に問うてきた。

全体主義とは、ナチスに代表されるように単一のイデオロギーにより社会を構築する考えだといえる。したがって、ドラッカーにとっては、第二次世界大戦は、ドイツ、イタリー、日本という当時の全体主義イデオロギー国家に対して、自由を標榜するアメリカ、イギリスとの戦いだと見る。さらに、旧ソ連もマルクス主義という唯一のイデオロギーで構築された「全体主義」の国とドラッカーは位置づける。そして例えば、ドラッカーはマルクス主義とヒットラー主義について次のようにいっている……、マルクス主義が産業的諸国家で革命的な教義として失敗したとはいえ、ヨーロッパ大陸における政治的信念に永続的な衝撃を与えた。それは、全体主義のために勤労者階級を準備した。マルキシズムは彼らに、人為的な、絶対論的、天啓のヴィジョンをもった論理を受け入れさせたのだ。このことだけからでもマルクス主義は、ヒットラー主義の父と呼ぶにふさわしい。

（『産業人の未来』一七二頁）

彼にとってはその二つの全体主義は彼の生き方の問題としても対抗すべきものであったといえる。つまり、ドイツにいた若い時にはナチスが台頭し、さらに学者となってアメリカに渡ってからも、そのアメリカはソ連と対立し厳しい冷戦構造にあった。したがって、その経過からいえば、彼は、つねにソ連の「全体主義」に対して「自由」というものを対極的に突き詰めて考え続けたといえる。

特に冷戦構造にあっては、旧ソ連体制の思想的基盤というべきマルクス主義に対して「人間の自由」という問題を彼は考えざるを得なかったと思える。

ドラッカーのマネジメントと「人間」の位置づけ

ドラッカーの経営理論はよく「人間主義的」と呼ばれる。それは後で見るように、人間のもつ能力を最大限に生かしてマネジメントをすることを彼が力説するからであろう。人間は、自由に主体的な意識を持ち、そこから創造し、判断し、調整し、総合する能力がある点をドラッカーは重視するのである。つまりは、それらの人間的な要素を十分に発揮する組織をつくりマネジメントをすることが、ドラッカーの経営論の基本といえよう。

ドラッカーは、社会主義国であった旧ソ連などの体制には「主体的自由」がないことに対して批判的である。その旧ソ連の思想的基盤と言うべきマルクス主義の骨格をドラッカーの「人間主義」と対比しながら見ておこう。つまり、マルクス主義における「人間」と、ドラッカー理論における「人間」の位置づけが違うのである。

なお、この相違は後の展開のために重要と思っているので、マネジメント論に一見関係ないと思う人も、ぜひ注意深く読んで欲しい。

マルクス主義の唯物史観は経済的歴史の進展を「生産力と生産関係」で見る。財や商品を生産する技術力をはじめとする「生産力」と、それを支える人間関係というべき「生産関係」との対応や衝突に歴史的動態を見るのがいわば唯物史観といえる。平たくいえば、財や商品を生産する力と、生産関係というべき人間関係的な階級との関係である。

生産力の発展がその経済的社会を規定するのは直ぐ理解できる。しかし、それだけではなく、経済を巡る人間関係をもマルクス主義は重視するのである。

例えば、江戸時代は、人力と家畜の牛や馬などの生産力で、生活基盤である米をはじめとする農産物を生産していた。そしてその封建的経済社会におけるその生産力を、士農工商という階級社会（生産関係）が支えていたと唯物史観は見る。もちろん、生産力が高度化すると生産関係も変わってくる。「ヒト」の体を生産力とすると、それが徐々に大きくなるとそれを包む生産関係という衣服が合わなくなり、衣服が破れその社会における生産関係が革命的に変動するのである。

マルクスの『資本論』には「人間」はいない

さらにいえば、マルクスが資本主義経済について書いた『資本論』では、封建社会の階級的関係を直接的には描いてはいない。『資本論』は近代的な資本家と労働者という生産関係を階級的に捉えている。

ただ注目して欲しいのは、マルクスの『資本論』には「人間」は登場しないのである。資本主義経済おいては、生産手段を持つ資本家と、生産手段を持たない労働者だけが「登場人物」である。つまり、自己の労働力を商品として売ることでしか生きていけない「労働者」と、その「労働力商品」を買い利潤を得る「資本家」しか抽象的には存在しないのである。「労働者」と「資本家」は経済的範疇であり、人間ではないのである。さらにいえば、マルクス主義においては資本主義経済は、「商品（労働力商品）によって商品を生産する社会」と考える。したがって、マルクスの『資本論』が描く資本主義経済社会では「人間」がいないといえる。

マルクスにあっては、資本主義経済社会は人間が存在しない「人間前史」の社会であり、そこを克服して次なる社会こそが「人間の社会」となると言うことであろう。人間は、「食う」ために生きるのではなく、「食う」ことを「平等」に解決しはじめて、皆が絵を描いたり見たり、さらには音楽を奏でたりする文化的で創造的な人間的生活となる。そのような理想社会をかつての共産主義国は掲げていたと言える（マルクス『資本論1』岡崎次郎訳、大月書店）。

しかし、いまでも、「食う」ことを平等に解決できず、その次元で人々が争っている国や社会は多くある。「万国の労働者よ、団結せよ」といっても、現世的な欲望を持つ労働者の間での利害や妬みを克服することができず、今もマルクスが言うような理想的な社会は実現していない。

それらの社会主義思想の持つ問題点や『資本論』などにおける人間の位置づけは、ドラッカーの人間主義的な思想を考える上で重要な視点になる。

「経済」か「意識」か

あと一つマルクス主義との対比で、ドラッカーを考えるうえで重要なことがある。それはドラッカーが人間の主体的な「意識」を重視する点である。その「意識」に対してもドラッカーとマルクス主義の位置づけは違う。

マルクス主義の概念に上部構造と下部構造のというものがある。それは、よく知られるように下部構造とは物質的な構造であり、例えば経済的構造などが考えられる、上部構造は法律や政治的な意識をはじめ道徳・宗教・芸術などの意識的で観念的な構造をいう。

マルクス主義では「生活が意識を規定する」という。そのことについてマルクスとエンゲルスの『ドイツ・イデオロギー』にある有名な次の文言が「公式」的によく引用される。「意識が生活を規定するのではなく、生活が意識を規定する」（マルクス・エンゲルス『ドイツ・イデオロギー』廣松渉訳編、岩波文庫、三十一頁）と。さらには、少し難しいがマルクスらは同じ書で「精神」は「物質に『取り憑かれて』いる」（『ドイツ・イデオロギー』五十七頁）との表現もする。

多くの人々がマルクス主義的については、上部構造より下部構造を優位に考えていると思っているとえいよう。つまり「経済が基盤で、そのうえにヒトの意識がつくられる」と。その考えがマルクス主義の基盤であると常識的に位置づけている人は多い。

一方の、ドラッカーの「人間主義的マネジメント」においては、人間の観念的な「意識性」を第一義的に重視するといえる。

これらマルクスとドラッカーの両方のそれぞれの考えの違いを私たちはどう捉えるのか。

マルクス主義への一般的で通俗的な批判は、「ヒトの『意識』が結局は経済的関係などに規定を受けている」、とすることに対して向けられる場合が多い。つまり、それらの批判は下部構造を第一義的に考え、上部構造である「意識性」が積極的に捉えられていない点を問題視しているといえる。そして、それが人間のもつ「主体的な自由」を制限している、との通説的なマルクス主義への批判に繋がっているといえよう。

この上部構造と下部構造の関係は、俗的にいえば「鶏か卵か」というような問題とも言える。とはいえ、マルクス主義のいうように確かに普段の社会的な生活や経済状況がわれわれの「考え」をどこかで規定していることも否めない。

さらにヒトの意識性と労働の関係を考える上で面白い例がある。それはマルクスが『資本論』で人間の労働と昆虫の蜘蛛の「作業」を取り上げて示している有名な箇所である。

われわれは、ただ人間だけにそなわるものとしての形態にある労働を想定する。蜘蛛《くも》は、織匠の作業にも似た作業をするし、蜜蜂は蠟房の構造によって多くの人間の建築師を赤面させる。しかし、もともと、最悪の建築師でさえ最良の蜜蜂にまさっているというのは、建築師は蜜蜂を蠟で築く前にすでに頭のなかで築いているからである。労働過程の終わりには、その始めにすでに労働者の心像のなかには存在していた、つまり観念的にはすでに存在していた結果が出てくるのである。労働者は、自然的なものの形態変化をひき起こすだけではない。彼は、自然的なもののうちに、同時に彼の目的を実現するのである。その目的は、彼が知っているものであり、法則として彼の行動の仕方を規定するものであって、彼は自分の意志をこれに従わせなければならないのである。そして、これに従わせるということは、ただそれだけの孤立した行為ではない。労働する諸器官の緊張のほかに、注意力として現れる合目的な意志が労働の継続期間全体にわたって必要である。（マルクス『資本論1』岡崎次郎訳、大月書店、三一二－三一三頁）

これを読むと、「観念的にはすでに存在していた」と言うようにマルクスも人間の労働における意識性をも重視していたとはいえる。しかし、問題は先の『ドイツ・イデオロギー』からの引用にも示したように「生活」をどう考えるかである。その「生活」を支えるのは物質的な経済的関係であろう。したがって、それらの点に注目すると経済的土台が「意識」に勝っていると言える。

この人間の「意識」について、ドラッカー思想の考えとマルクス主義のそれとの違いをあらためて考えるとすれば、やはりエンゲルスなどの言うように、資本主義経済体制を「人間前史」の社会と位置づけるかどうかが、要点だと言えよう。

マルクス主義にあっては、人間の持つ主体的な想像力や文化的な良さは「労働力の商品化」を基盤とする資本主義経済社会では十分に発揮できないというのであろう。つまり、資本主義経済社会は生きてゆく上での手段というべき「食うこと」が目的となって、その「食うこと」を巡ってヒトが争っている社会と位置づけているといえる。したがって、そこでは人間のもつ「意識性」の良さは発揮できないと、マルクス主義は「人間主義的」なドラッカー思想に対しては批判するといえよう。つまり、ドラッカーの「人間主義」に対しては「人間」がいない資本主義経済体制という「社会的構造」をまず変えるべきだとマルクス主義は主張するであろう。

ドラッカーは「労働力商品」を考えない

ある意味ではマルクス主義も「人間主義」である。しかし、マルクス主義は「労働力の商品化」をつきつめる。この問題を十分に考えないと、「もしドラ」のような「人間主義的マネジメント」はかえって資本主義経済の重要なコア（核）を見えなくするといえる。

問題の焦点は、やはり資本主義経済社会では「労働力」というものが「商品」となっていることを問題にし、それを克服することを目指す人間主義のマルクス主義と、「労働力」を商品とは考えないというより、「労働力商品」という概念がなく「人間の主体性」を前面に押し出すドラッカー思想とは際だった対立がある。

平たくいえば、労働者や企業で働く人を、「労賃」という「コスト」の面に重きを置いて見るのか、それともすぐこの後に見るようにドラッカーがいう、企業で働く人々を「コスト」ではなく、積極的に「資産」として見るのか。その対立的な考えが問題だともいえる。

先の三戸氏が示されているようにドラッカーの経歴をたどると、彼の思想の根底にはナチスの「全体主義」への批判、さらにはそれに関連して資本主義経済における経済主義的な下部構造を重視するマルクス主義への批判が常にあったといえよう。

したがって、ドラッカーの思想をマルクス主義思想とあえて対比すると、人間の「主体的な意識性」という上部構造を第一義的に重視するドラッカーのマネジメント論がより深い視点から捉えることができよう。

以上のようにドラッカーの「思想」的位置づけを踏まえて、「もしドラ」に展開されているマネジメント論を考えてみよう。

「もしドラ」の人間主義的マネジメント

「人の強みを生かす」マネジメント

「もしドラ」にはまさに「人間主義的マネジメント」が展開されている。みなみが、野球部を変革する取組の一つとして実践したことは、練習方法を変えることであった。それまでは、エースの浅野慶一郎などは、練習を休んだりして野球部の活動において緊張感がなかった。そこで、みなみは同じマネージャーで勉強が良くできる東大合格間違いなしという大秀才の北条文乃に練習メニューをつくるように依頼した。それによって、みなみは文乃の能力を活かそうとしたのである。それは、ドラッカーの『マネジメント』からみなみが学んだ個々の人それぞれの「強み」を活かすことへの実践の一つである。

その「人の強み」を活かすことを考えるようになったのは、みなみが興奮して読んだドラッカーの次の言葉である。

「人間は最大の資産である」(『マネジメント　基本と原則』エッセンシャル版、七十九頁)

この言葉はまさにドラッカーの人間主義的マネジメント論を象徴する言葉だとも言える。

さらに、『マネジメント』から「もしドラ」には次の箇所が引用されている。

人のマネジメントとは、人の強みを発揮させることである。人は弱い。悲しいほどに弱い。問題を起こす。手続きや雑事を必要とする。人とは、費用であり、脅威である。しかし人は、これらのことのゆえに雇われるのではない。人が雇われるのは、強みゆえであり能力のゆえである。組織の目的は、人の強みを生産に結びつけ、人の弱みを中和することにある。(『マネジメント　基本と原則』(エッセンシャル版、八十頁)

この『マネジメント』からの引用からも分かるように、ここでドラッカーは、人は「費用」であるとし、さらには「能力」とも言っている。もちろん、ドラッカーは人を後者の「強み」として「能力＝資産」と位置づけようとしているのが、彼のマネジメント論の基本であろう。そのことに関して『マネジメント(上)』では、ドラッカーは次のようにいっている。

……労働者に達成意欲を与えるには、経営者は「労働者」を「問題児」「費用」あるいはおどしつける「敵」として見るのではなく、資源として見なければならない。つまり経営者は、人間の強みを効果的に発揮させることに責任をとらねばならない。そして、このことは「人事管理」から人間の指導へと大転換することを意味する。

（『マネジメント（上）課題、責任、実践』ダイヤモンド社、五〇一頁）

ドラッカーは経営活動を幅広く捉えている。経営者は従業員や労働者を「人間」として指導しなければならないという。このことは、まさにドラッカーの人間主義的マネジメント思想の「コア」というべき考えといえる。この彼がいう「人間の指導」という面をみると、ドラッカーは経営者をある種の「教育者」や「宗教家」ともいうべき方向へ位置づけしようとしているとも考えられる。まさに上部構造重視の考えだと言えよう。

「もしドラ」第五章に「みなみは人の強みを生かそうとした」という章がある。北条文乃が、練習メニューの作成を任されるところが展開され、そのメニューの基本方針は「人間主義的マネジメント」というべきものであろう。それは、まさに『マネジメント』から得たものであり、ドラッカーの「自己目標管理」という考えを練習メニューに積極的に取り入れている。それはみなみの「部下」ともいえる文乃が作った練習改革案の柱となっているのである。その「自己目標管理」こそは、人間のもつ意識性をより発展的に捉えたものといえる。

文乃たちはまず最初に現在の練習方法の問題点を洗い出し、そこからより効果的な「練習」を考える。そこにも、ドラッカーの『マネジメント』が参考にされている。つまり、仕事は、その内容を①分析し、②総合し、③管理し、さらには④道具を考えるという段階を踏まえることで、より生産的になるというドラッカーの教えを基礎にしている。

みなみたちは、四段階の順序によって野球部の「練習」の「生産性」を上げる。具体的には、練習試合などを増やしたりする。

さらには、みなみたちはその練習のポイントを三つに絞る。その三つとは、練習に「競争」を導入し、その練習の「結果」が直ぐ見られ、さらにはその「結果」に「責任」を各選手が感じるようにすることである。つまり、「競争」、「結果」、「責任」の三つを彼女らは重視する。したがって、その「競争」を促進するために、二十人の部員を三つのチームに分け、ランニングのタイムなどを個人的にも、「チーム」としても競わせるのでる。

これはある種の「チーム制」という「分権化」であろう。分権化し、さらに「事業部制」にして競わせることが、みなみたちにとっては、「競争・結果・責任」を統一的に管理できる方法となるのである。

しかもみなみたちは、そのチームをさらに多様に分ける。例えば、練習において、攻撃、守備、走塁のそれぞれにリーダー的な担当を決め、その成果に責任を持たせる。例えば、そのチームに走塁が得意な部員を担当に決める。そうすると、その走塁のリーダーというべき

「専門家」から他の部員が、「走塁」の「極意」を自然と学ぶのである。そのようにして、分権化し、そこでのリーダーが「責任」を自覚し、他のリーダーとも競争する。それが結局はみなみたちの言う人間主義的な「人を生かす」システムとなるということであろう。

マネジメントにおける「視える化」の現実

さらに、みなみたちは結果の「視える化」をおこなう。それが先の「責任」に繋がるのである。例えば、みなみたちは、ロードワークの成績の推移を個人的にもチーム別にもグラフ化する。そこから、「競争」や「責任」が生まれるという。この手法は、企業などにおいてよくセールマンの売上げを、職場の壁などに個人別に大きくグラフに書いて示すことなどが昔から見られる。それらは典型的な「視える化」ともいえる。

また例えば、大相撲はその「視える化」が、グラフなどではなく、力士や行司の「身体」とともに示される。つまり、十両力士になると髷《まげ》に「大銀杏《おおいちょう》」が結えるとか、具体的に「階級」が「身体的」に形となって示される。さらには、序の口などの下位の取り組みを仕切る大相撲の若い行司は、本場所の土俵には裸足で登る。しかし、上の位の幕内などの取り組みでは行司は足袋をはき土俵に登る。さらに横綱の取組などを裁く行司は足袋をし、その上に草履を履き土俵に上がる。

そのように、大相撲のような古典的組織では、見た目で力士や行司の「階級」がわかる仕組みを伝統的に持っている。その「視える化」が、まさに下の者の「励み」になっているといえる。それは「競争」を促進する要素でもあろう。軍隊の場合もいえるが、とくに大相撲の場合は、その階級を表す「髷《まげ》」などの「記号」が「身体化」している点が、見逃せない「視える化」であろう。

そして、みなみはそれらの「視える化」などによって練習を改革し、さらにより練習効果をあげるために部員たちに主体的な「自己目標管理」を課した。やはりこれは、「意識的で主体的な」人間的要素を最も重視するドラッカーの「マネジメント」論の要点を具体化したものといえよう。「もしドラ」にも次のような『マネジメント』からの引用がある。

目標管理の最大の利点は、自らの仕事ぶりをマネジメントできるようになることにある。自己管理は強い動機づけをもたらす。適当にこなすのではなく、最善を尽くす願望を起こさせる。したがって目標管理は、たとえマネジメント全体の方向づけを図り活動の統一性を実現するうえでは必要ないとしても、自己管理を可能とするうえで必要とされる。

（『マネジメント　基本と原則』エッセンシャル版一四〇頁）

これは個々人が「視える化」を先取り的に意識的に行うことでもあろう。主体的により高度な目標を「イメージ」するということが、先のマルクスの示した「蜘蛛の作業」とは違い

「人間的」行為を重視するということであろう。

つまり、「視える化」により人間の特性を活かした「自己管理目標」を明確にすることである。さらにそこには分権制に見られる他者や他のチームと「競争」がつねにある。やはり、ドラッカーの「自己管理目標」の根底には「競争」がベースにあるといえよう。

ここでいう「視える化」は他者との競争もさることながら、内なる自分との競争をも含むものであり、人間の自由な「主体的意識」を最大限に活かすためにあるといえる。

やはり、ドラッカーの多くの著作の底流にながれているのは、「自由な意識性」を人間の本性として位置づけていることであろう。人間は内的な意識から主体的に自由な発想をし、そこからさまざまな目標を競争的に立て自分の仕事の管理を自律的にする。それがドラッカーの「マネジメント」論の神髄と言えよう。

人間主義的マネジメントの変遷とその現実

科学的管理法の生成と現代的問題

ここで考えている働く人の「意識性」の問題は古くて新しい問題だといえる。つまり、生産現場などにおける労働者の「意識性」を研究対象にしていたのは、かっては経営労務論や経営管理論と大学では呼ばれていた。しかし、それらは今では人的資源管理論と名前が変わっているが、労働者の「意識性」は今日的にも重要な研究対象である。とはいえ、その講義名にある「人的資源」という名前そのものがドラッカー的であるといえる。やはり、この労務管理や人事管理はこれまで歴史的にも大きな波があり変遷が今も続いている。

一九〇〇年初頭頃のアメリカでは多くの製造工場が成り行きに任せただけで、計画的な管理がなされていなかったという。特に、それらの現場で具体的に問題となっていたのが、組織的な「なまけ」というべきものがあった。「みんなでなまければ恐くない」ということであろう。つまり、その現場において仲間内であまり頑張らない雰囲気をつくるなどの「組織的な怠業《なまけ》」をどうするか。それらの問題を駆逐するために、ミッドベール製鋼所の工員の一人であったF・W・テイラーという人物が、工場現場の新しい管理方法に取り組み始めた。そして彼は一九一一年に『科学的管理の原理』(フレデリック・W・テイラー『新訳　科学的管理法』有賀裕子訳、ダイヤモンド社)と題する著書を出版した。

その著書は具体的には、能力のある労働者による個々の最短作業時間を計測し、その時間を他の労働者に向けての基準にするなど、目に見える数値的な現場管理について書かれていた。それらの一連の管理法は、「科学的管理法」や「テイラー・システム」と呼ばれた。

テイラーは、現場労働者の培った経験や熟練労働などをより細分化し、客観的に数値化し、それを他の労働者の基準にして管理しやすいようにしたのである。そして結局は、ライン

（肉体労働・単純労働・実行）的労働とスタッフ（頭脳労働・精神労働・構想）的労働を人的に分離させ、製造現場の労働を単純化し強化した。いわばマネジメントを「される人」と「する人」に区別し、そしてそれぞれを徹底的に「専門化」した経営組織を作るのである。そのような管理手法は当時のアメリカ全体の製造現場に影響を与えるようになる。そして、その「テイラー・システム」を導入した当時の工場などの生産性は一応は高まった。

しかし、いわばマネジメントを「される人」はまさに「ロボット」のように断片的で単純な労働を強いられることになる。そこでそれらの「単純」な労働現場の労働者たちの間に新たな「やる気のなさ」という、さらなる「精神的な怠業」が生まれる。

テイラー主義の流れは、日本の産業などにも影響を与えたが、一九六〇年代から一九七〇年代においてその流れが変わる。つまり、単純な現場労働を変える方向が日本においても模索される。

大企業の生産現場において一九八〇年代に入り「労働の人間化」というスローガンが掲げられるようになる。つまり、非人間的な「ロボット的」労働現場から人間的な労働現場を目指そうとする。人間的な労働現場による生産性の向上を目指すのである。具体的な例としては、自動車工場現場などにおけるＱＣ（Quality Control）サークル活動の導入などに見られる。そのことは、先のテイラー主義において「肉体労働・実行」と「頭脳労働・構想」が人的に分離していたものを、今度は生産現場においてその両方を個々の労働者において「内的」に統一させようとする動きである。もちろん、それはテイラー主義以前の労働現場に戻るのではない。生産現場における労働者の「頭脳労働・構想」などの主体的な意識面を生産性向上のためにより活用しようとする新たな取組だといえる。

したがって、これらの生産過程における労働現場の「人間化」はまさに、ドラッカーの「人間主義的」マネジメント論と同じ方向だといえる。

トヨタの自動車工場にみる労働の現実

そこで、その流れを今の日本で現実的に見てみよう。岐阜大学准教授の伊原亮司氏は、大学の先生になる前、トヨタ自動車の生産現場に非正規雇用の期間従業員として二〇〇一年七月から十一月までの約三カ月半の規定期間を働き、その現場についての本を書いている。その彼の著作は『トヨタの労働現場』（桜井書店）と題され、生々しいトヨタ自動車の生産現場についての貴重な研究書である。

その本には、伊原氏が就職情報誌「フロムA」にあった、「初めての方でも安心して働ける　TOYOTA期間従業員募集」の記事を見て、応募するところから書かれている。例えば、その面接は東京であり、そこでは「お金は何に使う予定ですか」とか、「大きなローンはありますか」とか、さらには「入れ墨はありますか」とか聞かれたという。さらに、指が五本そろっていることを見られ、その指がちゃんと一本一本曲がることも確認されたという。

採用されて名古屋地方の工場に行き、会社の寮に入り、自動車のトランスミッションなどの駆動部品を生産している約二五〇〇人が働くK工場に配属される。最初に二十人（一般従業員十六人、期間従業員四人）ぐらいからなる組に配属される。その組は組付、洗浄、検査、梱包、運搬、出荷の作業を担当している部門である。そこで、伊原氏は最初の頃は主に検査・梱包ラインの洗浄周りの仕事をする。勤務形態は二交代制で一週間交替である。

そこでの伊原氏の具体的な仕事は、まさに短期間で覚えられる単純労働だったそうである。しかし、彼は言う。

だが、単純な作業、すなわち、誰にでもできる作業というわけではない。たとえ単純な反復作業であっても、決められたスピードでやらなければならないとなると、誰にでも可能な作業だとはいえなくなる。組付作業のタクト・タイムは三〇秒あまり、検査・梱包作業のタクト・タイムは八秒である。その時間内に作業をこなすのは、決して容易なことではない。このことは、洗浄周りや組付の運搬にもあてはまる。持ち場に配属されてしばらくの間、私の作業速度が遅いために、返却された空き箱が洗浄品シュートにたまりがちであった。運搬作業には、スピードへの対応だけではなく、重さへの対応も求められる。それらに慣れるまでには、相当時間がかかるのである。

（伊原亮司『トヨタの労働現場』四十三頁）

さらにまた、その伊原氏が言うには、その働いた工場のラインは機械配置に特徴があるという。当時にあっては新しい設備を備えていて、それまでのライン作業設備とは違い個々の機械が「スリム化」されていたという。

具体的には、以前の古い生産設備は、機械内部に作業者が手を突っ込まないように、スチール製の安全カバーで覆われていたが、その工場の機械はそのような安全カバーをやめ、透明なプラスティックのボードで覆われているという。そのようにしないと、機械の内部が見えなくなり、その作業者が機械の仕組みに無知になるから、簡単なトラブルが生じたときでも現場では対応できないようになる可能性が生じるからだという。したがって、透明のボードで覆われたカバーがつけてある。それは経営側から言わせれば「視える化」と呼ぶそうである（伊原亮司『トヨタの労働現場』二十八頁）。

さらにその工場設備の特徴として、それまでは自動的な安全センサーが多く取り付けられていたが、それがその現場では最低限度しか取り付けられていないという（『トヨタの労働現場』二十八－二十九頁）。

以上のようなトヨタの取り組みは「安全」を機械に頼りすぎることで、逆にその「安全」に対する意識が低くなるので、大きな事故が起こる恐れが生じないようにする対応だという。その現場の責任者である勤続二十年の組長が、それらの工場の設計について次のように言ったことを伊原氏は記している。

……このラインの設計意図は、自動装置に人間を従わせるのではなく、「人間を生産の中心に置くこと」にある。さらに、このラインは、「安全第一」かつ「誰にでも働ける」というコンセプトでデザインされているという。（『トヨタの労働現場』二十九頁）

自動車の生産工場のラインに携わる労働にも「人間」を中心するようになっている。「非人間的」なテイーラー主義を、生産現場はより克服しようとしている。

自動車工場の現場を知らない人々の一般的な見方では、その現場でのライン作業は単純労働を繰り返していると思われる。しかし、伊原氏から見れば、そうとは言えないのである。つまり、その肉体労働であるライン作業においても、そこで働く人がより「熟練労働者」になるために、経営者側の「人間主義的マネジメント」がその現場でさまざまになされているといえよう。そして、それらの典型的な取組が改善活動やQCサークル活動である。

しかしその現実は、次の伊原氏の体験を読めば考えされられる。まず改善活動について氏は次のように書かれている。

労働者は、帰宅後や休日に二つの「提案」を考えてこなければならない。「創意くふう提案」と「ヒヤリ提案」である。これらの活動に対しては、最低五〇〇円の報酬が支払われるのだが、労働者にとっては金銭的にも割に合う「仕事」ではない。多くの労働者は、「提案」を出さないと「上」の方からあれこれ言われるので、締め切りが間近に迫ってから、あるいは締め切りが過ぎてから、無理やり「提案」を捻り出しているというのがここでの実情である。いわば「やっつけ仕事」である。このような「提案活動」が「熟練」形成に結びつくとはまず考えられない。（『トヨタの労働現場』一〇三頁）

正規の雇用者はもちろん伊原氏などのいわゆる非正規雇用者にもその「創意くふう提案」が課せられている。つまり、そこで働く人の「人間」のもつ意識性を「有効」に生産に活かそうとしているといえる。いや経営者側が、非正規雇用者にもさまざまな「考え」や「くふう」を「捻り」出させようと強制しているともいえる。そこにもトヨタ自動車の徹底した「人間主義的」なマネジメントを見ることができよう。

さらにQCサークル活動を考えてみよう。この活動は、同じ職場内のグループで製品の品質を高度化するために、それぞれ意見を出し合いその生産現場の体質などの改善を目指すなど、まさに人間主義的で啓発的な取組である。伊原氏は、そのトヨタ自動車の現場におけるQCサークル活動について、次のように生々しく書かれている。

QCサークルが「熟練」形成の機会になることはありえる。私も、QCをとおして多くのことを学んだ。だが、私の場合には、労働現場を観察してみたいという目的もあって、眠い目を擦りながらも活動にすすんで参加したのだが、多くの労働者はＱＣを負担と感じているか、残業代稼ぎくらいにしか考えていない。もし定時内にＱＣを行うということになれば、事情は違ってくるかもしれない。しかし、夜中の三時に、体が冷え切った状態でＱＣに参加している者からすれば、そこでの「熟練」形成など現実味のない話である。残業を含めて八時間も働いたあとのＱＣは本当にきつい。ほとんどの出席者は黙って下を向きながら、時間が経つのをひたすら待っている。「提案」やＱＣは、導入のされ方によっては「熟練」形成に結びつく可能性はあるが、ここでは、そうした機会になっているとはとうてい言い難い。（『トヨタの労働現場』一〇三－一〇四頁）

世界に名だたるトヨタ自動車の生産現場の現実が、この伊原氏の「現場報告」にある。さらにいえばそれは、「人間主義的マネジメント」の行き着いた「姿」とも言える。まさに「機械」ではない人間の持つ創造力、判断力、調整力、総合力のそれぞれを搾り出し生産現場に活かそうとする「人間が主役のマネジメント」が、さまざまな取り組みと共に隅々まで行われている。そして、これらの方向がさらなる現代的で深刻な問題を労働現場に生んでいる。

スーパー・パノプティコンの時代のマネジメント

伊原氏の生産現場での人間関係の分析を知ると、考えさせられる。伊原氏が働いた現場では、多くが大きなガラス張りで仕切られていたという。それは高度な「視える化」ともいえる。そのことについて、伊原氏は次のように述べられている。

労働者は常に誰かに見られる状態にある。だが、誰にどこから見られているかはわからない。いちいち周りの様子を窺いながら作業の手を抜くことは神経を消耗するだけである。言われたとおりに働いていた方が楽である。こうして、経営側は、労働者を直接監視していなくても、誰かどこかで見ているかもしれないと労働者に意識させることで、経営者の論理に沿って働かせることが出来るのである。

（『トヨタの労働現場』一六五－一六六頁）

やはり、「神経をすり減らす」までの「意識」を、経営者は「モノ」をつくる生産現場においてもマネジメントに生かしている。つまり、「人間関係」という最も人間的な「意識面」を仕事の現場で空気のようにまとわりつかせる。これはまさに、M・フーコーが『監獄の誕生―監視と処罰』（田村俶訳、新潮社）で展開した、「パノプティコン（一望監視施設）」的現場である。しかし、見逃せないはそれを超え、マーク・ポスターがいう「スーパー（超）・パノプティコン」の状況がトヨタの生産現場にはあることである（マーク・ポスター『情報様式論』室井尚・吉岡洋訳、岩波書店）。

よく知られるフーコーの「パノプティコン」論は現代社会の「権力」を分析する上で重要な視角である。彼は、古典的な監獄建築の様式に「権力」を見たのである。

その例をわかりやすく紹介しておこう。監獄で多くの囚人たちを「一人」の監視人で半円形的に一望に監視できるシステムを考えてみよう。そこでは、監視人からは囚人は見えるが、囚人たちの方からはその監視人が見えない「マジックミラー」のような装置がつけてあると想定してみよう。そうすると、囚人たちは、その「マジックミラー」の奥に監視人がいなくても、いるかもしれないと思うようになり、「規律」正しくするようになるという。そのような非対称的な例で、フーコの「パノプティコン」論が理解できよう。それは、今日の至るところにある防犯カメラの時代を考えれば、より身近に実感できよう。

つまり、われわれはどこに「防犯カメラ（監視）」があるか分からないから、普段において「正しく」振る舞うことが多くなっているとも言える。さらにいえば、殺人事件などの犯人捜査において防犯カメラが大きな力になっている現実も、まさに「パノプティコン」時代といえよう。

しかし、最近ではそのフーコーのパノプティコン論を超えて、マーク・ポスターは、現代は情報技術によってその「監視人」が一人（権力者）だけではなく至るところにいる「スーパー・パノプティコン」の時代と位置づける。

そのスーパー・パノプティコンの例を、現実に伊原氏は現場で経験している。つまり、伊原氏自身は他の従業員を管理しているつもりではないのに、結果的にこともあろうに自分も「監視人」になっていた現場を、次のよう書かれている。少し長いが重要なので引用したい。

> ……ペアを組む従業員が手を抜いているからといって、注意するわけでもない。だた、ペアを組むようになった新入りの野中君は、手があいても休もうとはしない。私が「なぜ休まないのか」と聞いてみたところ、「伊原さんの目が気になるから」という。彼と私の作業はきちんと分けられていて、彼が手を抜いたからといって、私に迷惑がかかるわけではない。にもかかわらず、私は野中君の行動をチェックしていたのである。私には、管理しているという意識は毛頭なかったのだが、おそらく無意識のうちに彼の作業をチェックしていたのであろう。少なくとも彼はそう感じていたのである。このように、一般労働者も、知らず知らずのうちに管理の眼差しを形成していき、ほかの労働者はその眼差しを意識するようになるのだ。
>
> 　職場では、経営側が労働者を一方的に管理しているわけではなく、誰かが常に誰かを監視している。誰かに監視されていると誰もが感じている。一労働者でさえも権力の眼差しの一端を担っているのである。
>
> （『トヨタの労働現場』一八三－一八四頁）

まさにこの伊原氏自身の冷静な現場での分析が「スーパー・パノプティコン」を描き出し

ている。そして、やはりこの伊原氏の自動車製造現場での経験から生まれたある種の象徴的な「叫び」を見逃すことはできない。

それは、伊原氏が残業を三十分やった後でのQC活動についてである。そこでは一時間半も立ちっぱなしで不良品を少しでも出さないための議論を、職場の仲間とすることなどが書かれている。そして、次のように伊原氏は述べられている。

QCを「労働の人間化」と結びつけた議論がある。しかしそれ以前に「労働者の人間化」を問題にして欲しいと思える。夜中の三時、普通の人ならとっくに寝ている時間。労働者が人間らしく働くためには、QCの活性化の前に、寝ることが求められる。

(『トヨタの労働現場』七十九頁)

QC活動というより、人間的で主体的な「意識面」を、徹底的に企業活動へ活かそうとするトヨタ。しかし、そこでは伊原氏が言うように「非人間的な労働現場」がある。日本が世界に誇る自動車会社の現場における現実である。もちろんこのような状況はトヨタ自動車だけではないであろう。しかし、ここでの伊原氏の「労働者の人間化を」、という言葉は「叫び」のように重い。

なぜこうも「もしドラ」と「トヨタ」の「人間主義的マネジメント」は違うのだろうか。

そこにはやはり、決定的な違いが一つある。それは「営利」の問題である。「もしドラ」の野球部の活動は「非営利」的組織であり、トヨタは「営利」的な組織である。「組織」という面では同じであるが、その組織が営利か非営利かでマネジメントの内容が格段に違うものになろう。営利的な組織はまず「市場」に商品を販売して利益を得なければならない。

「もしドラ」が甲子園への道をドラマチックに展開できたのは、それは非営利活動だったからだといえる。そこには「食う」ことを巡る人間模様はない。

厳しい「経済生活」という営利的な側面をわれわれはどう考えるか。百歩譲って「もしドラ」の野球部の非営利的な活動における「人間主義」を一応理解できるにしても、やはり問題は、読者がその営利と非営利のマネジメントの違いを意識しているかどうかである。さらに、この非営利的な「もしドラ」のマネジメントを、営利的なマネジメントに「応用」できると考える風潮があることがなによりも問題だと思う。例えば、最近の営利的な大企業の社長などがドラッカーのマネジメントを推奨する本など出版している。そのことなどもこの「もしドラ」現象と連動していると思えるからである。

やはり、営利的な「マネジメント」を考えると、ドラッカーがいう、「人間は最大の資産」だという考え方は見逃すことができない問題なのである。

ドラッカーは「人間」は「資産」だというけれども

ドラッカーは、企業における人間の位置づけの問題点について、オリジナルというべき大著『マネジメント（上）』においてより詳しく書いている。販売員やマーケティング要員などの人件費を「費用」（コスト）として位置づけている会計処理に対して、彼は企業に反省を迫り批判的に次のように述べている。

……この点についての反省が、「従業員」を「資産」として会社の財務諸表の中に入れようという最近の提案の底に流れている。その種の提案の一つは、ニューヨーク大学の優れた会計学者マイケル・シフによるものであり、販売とマーケティング（市場開発）の要員を「投資」として計上することを提案している。実際、その種の要員は「投資」なのである。

（『マネジメント（上）課題、責任、実践』五〇八頁）

このドラッカーの考えにはやはり疑問を感じざるを得ない。ドラッカーがいうような「従業員」に要した費用を、財務諸表に投資的な資産勘定に位置づけて会計処理を現実に行っている企業は公的にはないと言えよう。日本などの会計制度ではやはり従業員に払う人件費は給料などの勘定科目で費用として会計処理されている。マーケティング部門に働く人の人件費も同様である。

いくらドラッカーが、優れた会計学者を引き合いに出し、「人間は最大の資産だ」と主張しても、現実にはコスト（費用）として会計処理されているのである。その会計処理により利潤・利益が測定され、それにより株価や会社の業績が社会的に評価されている。ドラッカーが「人間は最大の資産」だと叫んでも、会計的にコスト（費用）として扱われている。ここにドラッカーの「マネジメント論」の限界があると思う。この彼の主張は「規範論」であり宗教的な「理想論」と言われてもしかたがない面があろう。その点でも、ドラッカーの「人間主義的マネジメント」論は問題である。

非正規雇用者が三割を超える日本での「もしドラ」

「費用」と位置づけられる人件費

やはり、「人間主義」的なドラッカー理論を下敷きにした「もしドラ」が大量に売れる現実を冷静に考えると寒々とする。

表2を見て欲しい。これは厚生労働省が二〇一〇年八月に公表した『平成二十二年版　労働経済の分析』（通称「労働経済白書」）にある雇用形態の推移を示したものである。注目したいのが非正規雇用者の全雇用者に占める割合である。

非正規雇用者とはいわゆるパートタイマー、アルバイト、契約社員、派遣社員、嘱託社員

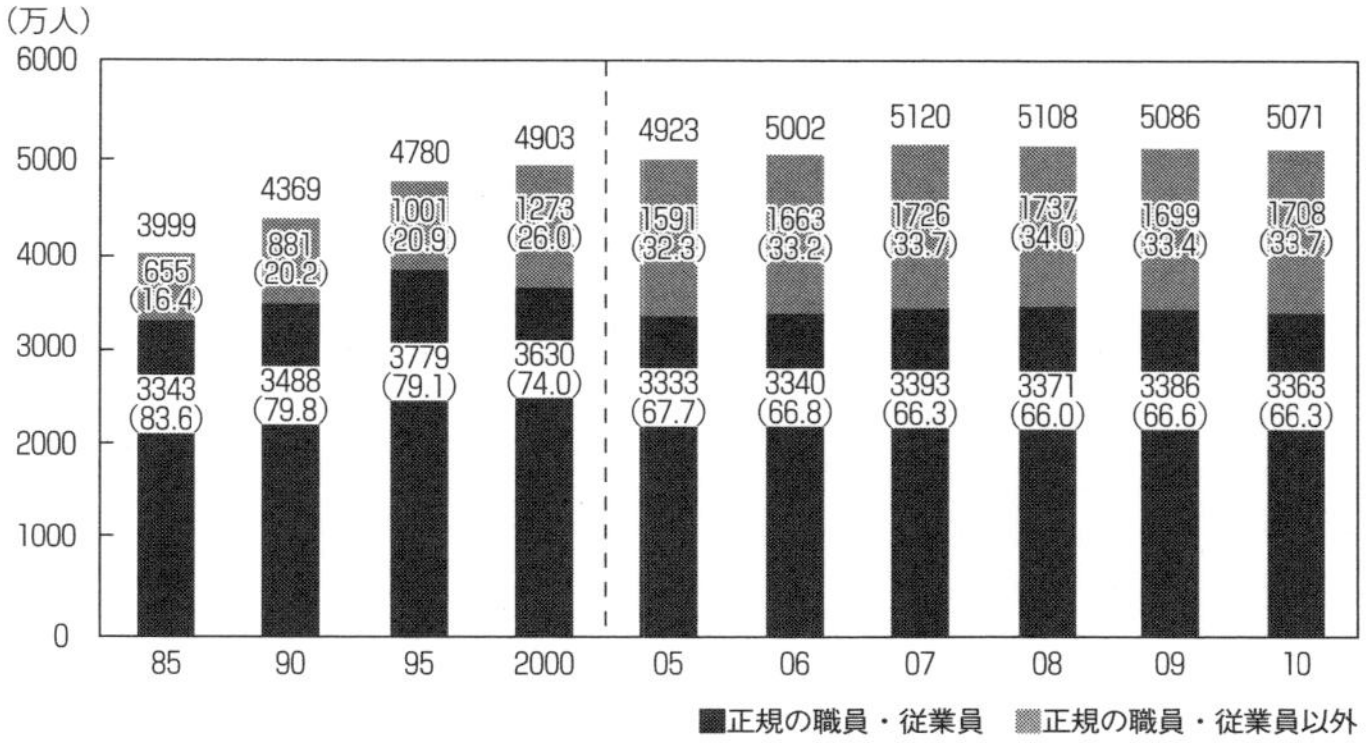

表2　雇用形態別雇用者数の推移

資料出所　総務省統計局「労働力調査特別調査」（２月調査・1985〜2000年）、「労働力調査（詳細集計）」（１〜３月平均・2005年〜2010年）

（注）１）雇用形態の区分は、勤め先での「呼称」によるもの

２）（　　）内は構成比

などをいうのであるが、それらの雇用割合が、この数年三割を上回っているのである。近年では日本で働いている人の三分の一以上が、非正規雇用者なのである。

この非正規雇用者こそ、まさに「費用」として位置づけられている最たるものであろう。つまり、企業業績は景気動向や自然災害などあらゆる不確定な要素に左右される。非正規雇用者はそれらの影響により真っ先に「雇い止め」となる恐れが常にある。企業は、それらの人々を自らの会社を守るための「防波堤」として緩衝帯的に雇用しているといってよいであろう。やはり、非正規雇用の人件費は「労働力」を「商品」として「売買」し得る経営者にとっての裁量的なマネジメント費用といえる。

伊原氏の先の「現場報告」にあったよう

に、非正規雇用者にも「人間的能力」を搾り取るほどに企業は要求し、その成果を求める。しかし、その処遇や待遇は「人間的」とは言えないのである。このギャップはなんであろうか。これらのギャップを多くの非正規雇用者が常日頃において感じているはずである。「もしドラ」の人間的マネジメントの「素晴らしさ」に感動し、そこでの「人間主義的マネジメント」を無批判的に受け入れると、非人間的な処遇を受けている非正規雇用者が、三割以上にもなっている現実の日本の問題が見えてこなくなると思う。

現実離れした人間主義的な「美談ストーリー」というべき「もしドラ」が、二〇〇万部も売れるという社会的現象をどう捉えたらいいのだろうか。やはり日本の経済社会にたいする多くの人の「視力」「知力」が衰えている証しでもあろう。

その寒気のする出来事について結論的に言えば、私はやはり総体的には日本の社会が「下流化」に向かっているといえるのではないかと考えている。大学への進学率が短大なども含めて高卒者の五割を超えて久しいのに、こうした「経済社会」が見えていない人は多いといわざるを得ない。

日本経済の停滞が議論されている。例えば「経済成長」を促す新しい「イノベーション」が生まれないことなどが指摘される。それもやはり「非正規雇用」の増加などの社会的「問題」が明確に見えない限り、「革新」も生じないであろう。その意味からも、現実が見えないというより、「もしドラ」などの現実を見えなくする本がベストセラーになるような社会は、ますます「薄っぺらな経済社会」に向かうであろう。

大学で、「役に立つことだけ」勉強したいと思っている大学生で大学は溢れている。経済学部や経営学部は特にそうである。しかし、先の内田樹氏がいうように、何が「役に立つ」のか勉強するまえに自分で判断し、「実戦的」な講義を受けようとする。その「役に立つ」かどうかの判断の多くがいわゆるネオ・リベラリズム的な「市場志向」的なものであるといえる。つまり、「市場経済」を疑わないのである。

先に述べたドラッカーの友人でもあった経済人類学者・ポランニーのよく知られた著作『大転換』などを「もしドラ」の読者がまだ読んでいないとすれば、ぜひ薦めたい。そこには、「市場経済」が異様に力を持ち、社会から突出していることを問題にし、「市場経済を社会に埋め戻す」ことを展開している。つまり、ポランニーはネオ・リベラリズムというべき「市場経済主義」を根源的に疑っているのである。

さらに問題なのは、「市場経済志向」と「人間主義的マネジメント」とを結びつけて考える学生や人々が多くなっていることが十分に予想されることである。つまり、「氷河期」などと称される大学生の就職状況は、そのことにより「市場経済志向」と「人間主義的マネジメント」が分かちがたく結びつく。

したがって、職場で市場経済的な成果が出ない人は「人間性」に問題があると見なされる可能性がある。さらには、職場でうまくいかない本人も、自分の「人間性」に悩むことになろう。「人間性」というものはどこまで行っても限りないものであろう。つまり「人間主義的マネジメント」においては、その人の「全生活」を企業に限りなく捧げることが求められているといえる。

逃げ場のない真摯さを求める「人間主義的マネジメント」

ドラッカー流のマネジメントは、端的にいえばこれまでになく「会社人間」にならざるを得ない要素が強い。ましてや、今日の就職状況の厳しい大学生などにとっては、その「人間主義的マネジメント」の圧力が就職活動の時点で企業から発せられている。また、それに大学生が応える姿勢を積極的に見せないと、「内定」を得ることができない状況が想定できる。もう就職する前から精神的に「人間主義的マネジメント」の洗礼を受けているといえよう。

企業が「真摯な人間主義」を従業員に求めると、そこでの従業員はその企業を相対化できない方向になり、社会全体が企業社会に対して建設的に批判する余地を無くす傾向を示すであろう。ましてや、そのような息苦しい人間主義という名の「全体主義的」職場や仕事において、新たな「価値」を生み出すイノベーションを担う「創造的」人材が育つだろうか。

またさらに、この人間主義的マネジメントの方向は、いくつか見逃せない今日的な問題となっている。それはサービス経済社会における「仕事と生活」の問題として顕在化している。そこで焦点となるのが新たな概念である「感情労働」である。

ドラッカーは「感情労働」をどう考えるだろうか

「感情労働」という新たな概念を確立し、その問題を鋭く分析し衝撃を与えた本がある。それは、A・R・ホックシールドの『管理される心』（世界思想社）という本で、「感情が商品になるとき」というサブタイトルがついている。

今ではその著作は「感情社会学」という分野を切り開いた研究書として社会的に評価を受けている。これまでは、労働の種類は伊原氏がトヨタの現場で働いたような「肉体労働」と、さらにはマネジメントなどに従事する「頭脳労働」という二つが代表的な区分であった。しかし、ホックシールドはその本で、その二つの労働に加え現代的な「感情労働」という概念を新たに分析し描き出している。具体的には、アメリカにおける航空会社の客室乗務員の労働現場をきめ細かく調査して書かれている。

ホックシールドの問題意識は、現代の職場などにおいて、「周りの人々と、どうコミュニケーションをするのか」、その能力が重視されている点にある。特に接客的なサービス業に従事する労働者などは顧客との「コミュニケーション」が一層求められる。そこでは肉体的労働や頭脳労働のほかに、さらに「感情」をコントロールするための「労働」をしなければならない。例えば、航空会社の客室乗務員は顧客である乗客に対して、感じよく「笑顔」で対応する努力をしなければならない。その「感じよくコミュニケーションする」というのは自分の「感情」を「管理」しているのである。ホックシールドはその感情労働について客室乗務員を例に、次のように定義的に述べている。

客室乗務員は、重い食事カートを押して通路を通るときには肉体労働を行うし、緊急着陸や脱出の準備をしたり、実際それを実施するときには頭脳労働を行う。しかしこうした肉体労働や頭脳労働を行っているなかで、彼女は何かもっと別なこと、言ってみれば私が〈感情労働〉と定義することをも行っているのである。この労働を行う人は自分の感情を誘発したり抑圧したりしながら、相手のなかに適切な精神状態――この場合は、懇親的で安全な場所でもてなしを受けているという感覚――を作り出すために、自分の外見を維持しなければならない。この種の労働は精神と感情の協調を要請し、ひいては、人格にとって深くかつ必須のものとして私たちが重んじている自己の源泉をもしばしば使いこむ。

（アーリー・ホックシールド『管理される心』石川准、室伏亜希訳、世界思想社、七頁）

ホックシールドによれば一九七〇年時点でアメリカでは働く者の三分の一以上が感情労働への従業者であると推定している。今日では、日本においても「感情労働者」の割合は相当高いといえよう。

この感情労働は、肉体労働とは違いさまざまな特徴を挙げることができるが、なによりもその本人の生活と仕事との境界が見えなくなっている点は看過できない。つまりホックシールドのいう「自分の源泉」という「自分の哲学」や「価値観」をも投入して労働しなければならないからである。それが、「もしドラ」でも強調されるマネジメントにおける「真摯さ」とも大きく関係してくると思う。

航空会社は客室乗務員の「感情」を体系的に「管理」する。客室乗務員はその飛行機の乗客をあたかも自分の家庭に招いた「客」のように接待することを、会社から訓練を受ける。つまり、仕事現場でも自宅への「招待客」や自分の「子ども」に対する時と同じような気持ちや感情を思い出しつつ勤務しなければならない。その点について、ホックシールドは次のように述べている。

家庭と客室との類似性は、個々の労働者を会社に結びつける役割も果たした。彼女がごく自然に自分の家族の中の誰かをかばうのと同じように、彼女はごく自然に会社を守るようになる。非個人的な関係性が、〈あたかも〉個人的であるかのように思われてくる。金銭の授受に基づく関係が、〈まるで〉金銭とは無関係に成り立っているかのように思われてくるのである。会社側は労働者たちの「個人的な」生活に介入することなく、彼女たちの根源にある人間的共感を見事に拡大させ、利用している。

（『管理される心』一二二頁）

都会での若い人のアルバイトの多くはサービス労働が多い。さらには介護労働などが増加している現在において、この感情労働の問題は新たな局面を迎えているといえる。

つまり、「もしドラ」のベースとなっている「人間主義的マネジメント」と、この「感情労働」とは結びつきやすい。「もしドラ」が多く読まれる背景には、感情労働者だけではなく他の労働においても、様々な仕事に占める感情労働の割合の増大があるのではないかと推測する。そこから「仕事と生活」の区別が曖昧になっている傾向が広がり、ひいては営利と非営利の区別が希薄になる。

そして見逃してはいけないのが、ホックシールドの言うように、労働者に向けて会社への「帰属性」を試す踏み絵として「感情労働」が使われていることである。そこから、労働者や従業員は「身も心も売らざる」を得ない状況が生まれる、その一方で「自分らしさ」をどう自分の生活において位置づけるか。そこに感情労働者の苦悩が浮かび上がる。その深い溝に感情労働が増えていく状況で働く人の多くは悩んでいるのではないかと思う。

つまり、その溝を埋めるのに何かの「方向」を必要としている人が多くいると考えられる。したがってその種の悩みを持つ人に「もしドラ」は読まれ、そこでは皮相的にしても、一応は「美談ストーリー」で方向性を示し、答えているからベストセラーになったともいえるのではないかと思う。つまり、雇用状況が厳しくなるにつれ、「組織への一体化」と「組織における個人的な立場」の間の懸隔に悩みを持っている人が多くなっているのかもしれない。

とはいえ、「もしドラ」のような「野球部」などの「一体化」はさておき、企業などにおける「組織への一体化」の問題は、「感情労働」という今日的な問題も孕んでいるし、いずれにしてもそれらは安易な「美談ストーリー」で解決はつかないであろう。

その感情労働における「自分らしさ」と「会社との一体化」の問題をホックシールドは次のように発展的に捉えている。

> 自分の仕事や会社と一体化することなしに、どうやって心から、仕事や会社に帰属意識を持つことができるのか？　この問題は、（アイデンティティの形成がより不完全な）まだ若い労働者や経験の浅い者、あるいは（絶えず男性への一体化を求められる）女性の間で特に顕著に見られる。こうした人々の間では一般的に、アイデンティティが混乱する危険がより大きくなる。
>
> （『管理される心』一五二頁）

このようにホックシールドが述べるように、やはり最近の日本の若者にあっても、アイデンティティの問題が就職活動や仕事の現場で生じているのであろう。そして、その若者たちが職場における人間関係の悩みも含め、「もしドラ」のような本の類に解決を求めていると思う。しかしながら、若いといえども仕事を持った社会人が、「もしドラ」で展開される高校野球部の話に感動することはやはり考えさせられる。

「もしドラ」読者の「退行化」

つまり「もしドラ」現象は、「下流化」とともに、「退行的な共同性」が広まっているというのではないかと思える。その「退行」についてはラカン派精神分析の視点から社会学を研究されている樫村愛子氏の指摘が的確である。「退行的な共同性」とは「何らかの耐え難い不満に直面し、より初期的な段階の集団的な幻想へと回帰してゆくこと」（白石嘉治・大野英士編『ネオリベ現代生活批判序説』新評論、一一九頁）である。

私のゼミの女子学生が単位不足により、四年生の三月に卒業できずに九月に卒業延期になった。週一回のゼミに添付ファイルで提出する彼女のレジメなどの内容には、彼女が勉強をしていないことを感じさせられていたが、ゼミには出席していたのである。ただ、他の講義にはアルバイトが忙しくて出席していなかったのである。卒業延期が決まった後、彼女に聞くと、よく知られる外資のカフェ・チェーンのお店のアルバイトが面白くなり大学にあまり来なかったという。なぜ面白くなったのかと詳しく聞くと、そのカフェが新しく開店する店で、そのカフェを「立ち上げ」からみんなで取り組む「実戦的な」面白さが、大学への足を遠のかせたようである。しかも、そのカフェの従業員はほとんどアルバイトであったそうである。つまり、アルバイトといえども新しいお店を立ち上げる経験とともに、「頑張ろう」という「感動」を共有する「共同体的な雰囲気」に飲み込まれたのであろう。そのようなことを、彼女は私に反省し、述懐していた。大学生という立場を彼女は忘れ、アルバイトという「賃労働」をしている現実も深く考えてはいなかったのである。

そうさせたのは「もしドラ」に見るような「共同性」や「雰囲気」であろう。それらの「共同性」や「雰囲気」へ退行することが彼女にとって「もしドラ」でいうような「感動」であったのではないかと思う。

現実に甲子園出場を目指すような高校の野球部におけるレギュラー争いやポジションを巡る競争を考えてみても、「もしドラ」にでてくるような「爽やかな高校生」だけがいるとは思えない。そこには、高校生であっても父兄、監督、先輩、後輩なども含めた複雑な「人間関係」がある。「もしドラ」のストーリーから、その内容の「幼児性」を感じるのは私だけであろうか。

この「非正規雇用者の時代」において、人間を「資産」として考え「人間的側面」をより「営利」活動へ搾り出すように利用するマネジメントの方法をあらためて考えてもらいたい。そこから、そのドラッカーの理論をベースにした「もしドラ」の人間主義的マネジメントをマーケティングの問題とつなげて次の章で考えたい。

この章の後半で考えた「感情労働」に典型的に見る不安定な労働者はつねに、経営者からそのマネジメントの方向において「顧客志向」というものを錦の御旗のように示される。そこからさまざまな現代的なマネジメントの新たな問題が生じている。

それは、「もしドラ」でも重視しているマーケティングの問題とも繋がる。したがって次の三章ではそのマーケティングと「もしドラ」の問題を考えたい。ここで示した「感情労働」の問題などを踏まえ、さらに詳しく「顧客志向」を従業員に求めるマネジメントの問題を考えたい。つまりそのマーケティングにおける「顧客志向」を実際は経営者が自分たちに都合よく「編曲」し「感情労働」に利用しているのではないかと思えるのである。

第三章　単純な「もしドラ」のマーケティング論

マーケティングを重視する「もしドラ」

「もしドラ」のみなみが、野球部を「感動を与えるための組織」と定義し、目的を「甲子園に行くこと」として、次に取り組むのがマーケティングである。そのマーケティングについては「もしドラ」では随所に展開されている。

そこでは、まず顧客を高校野球に関係するすべての人々と、幅広く範囲を設定する。そして、ドラッカーの『マネジメント』を次のように引用する。

> 企業の目的は、顧客の創造である。したがって、企業は二つの、そして二つだけの基本的な機能を持つ。それがマーケティングとイノベーションである。マーケティングとイノベーションだけが成果をもたらす。
>
> （『マネジメント　基本と原則』エッセンシャル版、十六頁）

さらに、次の引用箇所はドラッカーのマーケティング観の核というべき文章である。

これまでのマーケティングは、販売に関する全職能の遂行を意味するにすぎなかった。それではまだ販売である。われわれの製品からスタートしている。われわれの市場を探している。これに対し真のマーケティングは顧客からスタートする。すなわち現実、欲求、価値からスタートする。「われわれは何を売りたいか」ではなく、「顧客は何を買いたいか」を問う。「われわれの製品やサービスにできることはこれである」ではなく、「顧客が価値ありとし、必要とし、求めている満足がこれである」と言う。

(『マネジメント　基本と原則』エッセンシャル版、十七頁)

ドラッカーは「マーケティング」と「販売」の違いを明確に示したことで知られている。彼は、販売をしなくて商品が売れる「仕組み作り」がマーケティングだと位置づけた。平たくいえばメーカーの商品がコンビニやスーパーなどに置いて並べるだけで売れるようになることである。極論すれば「営業部員」がセールスに出回らなくて売れるようにすることである。また、例えばマーケティングの戦略の一つである「広告」だけによって、コンビニなどの店頭にその商品を置けば、すぐ売れるようになることだといえる。この「販売不要」の仕組み作りこそはまさにマーケティングの理想であろう(『マネジメント(上)課題、責任、実践』一〇〇頁)。

マーケティングは顧客の創造であり、そしてその顧客の求めるさらなる満足を与えるのがマーケティングであると、みなみは『マネジメント』から学ぶ。

「もしドラ」のマネジメントにおいてもドラッカーに倣いマーケティングを重要視する。そこで、川島みなみは顧客の満足を充たすための組織作りに取り組む。

野球部のメンバーが練習をサボるなど、いわゆる「まとまり」がなく、その不協和音の元凶がエース浅野慶一郎であった。彼は練習も好き勝手にしていた。そこで、みなみは、友人で入院している元マネージャーの夕紀と共に部員と「お見舞い面談」を行う。それは野球部のメンバーの不平や不満を聞き取り、組織の効率化に役に立てる手法である。この手法はかつて労務管理論(今では大学などでは人的資源管理論という)などの研究分野で、「昼飯、ニコ、ポン」と呼ばれる類のものである。上役が部下にニコリと笑い、肩をポンと叩きながら「おい、今度昼飯でも食おう」という昔からある職場などにおけるコミュニケーションの方法と基本的には同じといえよう。

最近では、マーケティングの研究分野では内部マーケティングやインナー・マーケティングと呼ばれている分野の研究も進んでいる。つまり、マーケティングを企業などの外の市場に向けてではなく、企業の内部のアルバイト学生などに向けて行うのである。同様に、「もしドラ」でもみなみが内部の人々の「満足」や「価値」を把握する内部マーケティングにまず取り組む。

ただ、それがマーケティングの一種だと、みなみはあとで気づく。つまり、エースの浅野をはじめ内部の野球部のメンバーのそれぞれの不平や不満を、「消費者運動」と捉え返したのである。みなみは、マーケティングと消費者運動が直接的に結びついていたとは考えもしなかったのであろう。そのことを、みなみは次の『マネジメント』に書いてあることから学んだのである。

企業の第一の機能としてのマーケティングは、今日あまりにも多くの企業で行われていない。言葉だけに終わっている。

消費者運動がこのことを示している。消費者運動が企業に要求しているものこそ、まさにマーケティングである。それは企業に対し、顧客の欲求、現実、価値からスタートせよと要求する。企業の目的は欲求の満足であると定義せよと要求する。収入の基盤を顧客への貢献に置けと要求する。マーケティングが長い間説かれてきたにもかかわらず、消費者運動が強力な大衆運動として出てきたということは、結局のところ、マーケティングが実践されてこなかったということである。消費者運動はマーケティングにとって恥である。

だが消費者運動こそ、企業にとって機会である。消費者運動によって、企業はマーケティングを企業活動の中心に置かざるをえなくなる。

（『マネジメント　基本と原則』エッセンシャル版、十六－十七頁）

「もしドラ」の「感動のマーケティング」

マジックワードとしての「感動」

ドラッカーのいう消費者運動とマーケティングの関係は重要である。ただ、今日の日本において若い人などは「消費者運動」をどう思っているのだろうか。みなみ自身は、消費者運動を視点にマーケティングの「神髄」を捉えるのであるが、それはみなみが『マネジメント』で勉強した「事業の定義」と関係する。

二階正義という真面目だけど野球が下手な野球部員で、みなみの相談相手がいる。正義とみなみは、野球部の定義を話しているうちに具体的にマーケティングの「神髄」を認識する。

「そうよ！『感動』よ！顧客が野球部に求めていたものは『感動』だったのよ！

それは、親も、先生も、学校も、都も、高野連も、全国のファンも、そして私たちの部員も、みんなそう！みんな、野球部に『感動』を求めているの！」

（「もしドラ」五十六－五十七頁）

ここからみなみの感動へのマーケティングが始まる。マーケティングの神髄は顧客の「感動」だと位置づける。「もしドラ」を読んで感動した人も、この箇所に感動したかもしれない。みなみは、マーケティングが「感動」と関係があるとは思いもよらなかったのであろう。しかし、これまで「人間主義的マネジメント」を見てきて分かるように、「感動」を最終目標におくマーケティングもやはり「人間主義的マネジメント」の範囲にある。

私は、「感動」というような言葉をマーケティング世界では「マジックワード」と秘かに名付けている。つまり、「感動」という言葉は、それ以上の説明ができない世界を思わせる「魔術ワード」である。これらはマーケティングにおけるＣＭのコピーなどによく使われる。例えば「思い出」、「個性的」、「私だけの」、「貴方だけの」などの言葉も同じ類である。

「思い出づくり」という、うさん臭さ

よく「思い出づくり」という言葉を聞く。旅行などを勧めるＣＭなどに見られる。若い女性などが「思い出づくり」のために旅行いくという場合がある。すこし考えるとこれは不思議な気がする。これから行く旅行を最初から「思い出」として想定している。やはり、その前もって作った「思い出旅行」というものを後で懐かしむとすれば、意図的に作った「思い出」であり、芝居がかった「出来事」ではないかと思う。若い頃に「これは思い出」になるだろうと、思って行った旅行は、やはり作為的で芝居がかった「思い出」であろう。晩年になって、ふと「懐かしく」思いもよらず思い出す出来事こそ感慨深い「思い出」であろう。そのような思いがけない「思い出」は「やらせの思い出」とは違う。

「思い出づくり」と「もしドラ」の「感動づくり」は似ている。みなみたちは高校野球の「感動」そのものを疑わない。

主人公みなみから、「読者の貴方、高校野球には感動するはずだから感動してよ」と言われているような気がする。「高校野球」に皆が「感動」するわけではないのである。例えば、夏の甲子園で「感動的」に優勝した高校の投手などが、二、三カ月後に行われるプロ野球のドラフト会議を経て、「何千万円」もの契約金を貰うことなどが報じられる。さらには、他の甲子園で活躍した選手の契約金の多寡をマスコミは話題にする。高校球児の「純粋さ」に対する「感動」は手のひらを返すように忘れられ、世俗的な「お金」についてスポーツ新聞などは大々的に報道する。甲子園の「青春」の輝きが消え失せ、「お金」の話になっている。そのような高校野球を取り巻く環境を苦々しく思っている人もいるのである。

ともかくも、「高校野球→甲子園→感動」というまさにステレオタイプの考えが「もしドラ」ではストーリーの基調になっている。

高校野球、サッカー、オリンピックなどのスポーツが、テレビをはじめとするメディアとの結びつきを最近はより強めている。そのことに大きく関係しているのがスポンサーとしての企業のマーケティングである。

森田浩之氏はメディアとスポーツの関係の問題性を著書『スポーツニュースは恐い』などで鋭く分析されている。例えば、テレビなどのスポーツニュースが、スポーツマンニュースになっている日本のスポーツジャーナリズムを批判されている（森田浩之『スポーツニュースは恐い　刷り込まれる〈日本人〉』日本放送出版協会）。

イチロー選手の大リーグでの連続安打の新記録などを伝える「ニュース」報道に際し、彼が海を渡り「苦労」や「辛苦」を乗り越えて大リーグで活躍する「人生物語」を感じさせるコメントが、スポーツニュースのアナウンサーなどからよく発せされる場合が多い。「ニュース」が「人生物語」になっている。

演歌と呼ばれる音楽ジャンルの歌詞にはよく「人生」というマジックワードが出てくる。それとおなじように、テレビなどのスポーツニュースに登場する選手にアナウンサーが「人生」を込めるのである。つまり「スポーツ選手」→「人生」→「感動」というステレオタイプの流れがある。オリンピックのメダリストなどのスポーツ選手が、困難に立ち向かう人として「人生」に打ち勝っていく「感動的」なドキュメンタリー番組などがある。観ているわれわれは知らず知らずのうちにステレオタイプの価値観やイデオロギーを浴びせられている。

そのステレオタイプは、森田氏もいうように、もともとはステロ版（鉛版）による印刷術に源をもつ言葉である。「判で押したように多くの人が共有する固定観念である」。『世論』という本を書いてよく知られているウォルター・リップマンがいうように、「判で押したように多くの人が共有する固定観念である」といえよう。

さらにそのリップマンが『世論』で「ステレオタイプ」の持つ問題を的確に書いている。ステレオタイプで物事を見るのは、「見てから定義しないで、定義してから見る」のだという（W・リップマン『世論』（上）、掛川トミ子訳、岩波文庫、一一一頁）。

「もしドラ」は何が「感動なのか」をよく問わないで、安直に「高校野球」＝「感動」と決めて、その「感動」にみなみたちは向かっていると思う。

第一章でみたように、「役に立つことだけ」勉強する下流層が、勉強するまえからその「役に立つことを」自分で決めていると、分析した内田氏の指摘を思い出して欲しい。そこでの「勉強」は「もしドラ」の「感動」と同質である。つまり、ステレオタイプの「感動」をまず「思い出づくり」と同じように前もって決めて、それに向かってゆく。そのような「感動」を軸にした「もしドラ」のストーリーやマーケティングは「ステレオタイプ」を基盤としたものであることを如実に表している。

その安直な「感動」という言葉は、まさになによりもマジックワードである。なぜ「もしドラ」は、人生物語風の「感動」をマーケティングの目標としたのだろう。その「もしドラ」の「感動」は、マーケティングがいう消費者の「ニーズ」、「満足」の一種といえよう。

しかし、現実には、それらの「ニーズ」や「満足」を探し出すのがなによりも困難である。「もしドラ」は消費者の満足やニーズをなぜ「感動」としたのだろうか。つまり製品の物的な「便益」や「効用」ではなく、精神的な「感動」としたことをまず考えてみよう。

マーケティングの生成の再確認

価格競争回避としてのマーケティング

ともかくマーケティングでいう「ニーズ」や「消費者満足」が「もしドラ」では、なぜ物質的なものから「感動」などという精神的なものへ変わったか。その問題について順序を踏まえて体系的に考えてみたい。

そもそもマーケティングはどこでどのように生まれたのだろう。一般的には一九〇〇年代初頭のアメリカに生まれたというのが定説である。ここでマーケティングの生成をマクロ的にたどってみよう。マーケティングの勉強はミクロ的に個々の企業を見てゆくのも大切だが、マクロ的次元でマーケティングを考えてゆくのも重要なのである。そこからなぜ「もしドラ」の言うようなつかみどころのない「感動」などが「消費者のニーズ」になったのか歴史的に分かると共に、マーケティングにおけるそのマジックワードがもつ現代性が理解できる。

まず、アメリカ経済で注目すべきは、一八六九年にアメリカ大陸を横断する鉄道ができたことである。それはアメリカの経済的歴史の上で特筆すべきことであろう。なによりも、それによりアメリカ西部への人口移動が進み、そこでの鉱山の開発や農業の発展が工業の大規模化や生産性の向上を促した。つまり、「西への移動」は、アメリカの鉱工業を急速に拡大させ生産力を高める結果となった。

一八九五年には、アメリカの鉄道が約一八万マイルに達した。この鉄道の伸張は、なによりも鉄鋼産業の発展を促し、連動して石炭などの産業にも波及効果が及び、それらの企業が大規模化し生産性を向上させた（秋元英一『アメリカ経済の歴史　一四九二－一九九三』東京大学出版会）。

一九〇〇年代初頭のアメリカ経済は、産業財の市場などが寡占化して、巨大な生産設備による大量生産を可能にする技術が確立してゆく。したがって、大量生産された製品を買ってくれる市場が必要になる。それはいわゆる「市場問題」と呼ばれ企業の販売競争が激化してくる。

その市場競争の変化とともに、アメリカでは、よく知られる一九二九年の大恐慌の前にも、周期的に不況・恐慌が生じていた。その一連の恐慌を通じで、多くの中小企業は少数の大企業に吸収され、生産と資本の集中・集積が進んでゆく。そして、トラストなどにより企業が統合され、さまざまな産業部門に大企業が生まれる。

つまり、企業統合が進み、鉄鋼産業や石油産業という生産財産業において巨大な企業体が形成される。多くの企業が自由に競争する段階から、大企業と呼ばれる寡占企業による独占的な市場競争段階へと突入していく。さらに寡占的な市場競争が激化する。そこでは次にあらたな市場を大企業は見いださざるを得なくなる。その次なる消費市場の「新大陸」が「家庭」である。つまり活路を消費財市場の「家族」や「個人」に見いだす。そして、自動車などの耐久消費財がアメリカ経済の基幹産業になる。

アメリカの一九二〇年代についてマーサ・オルニーは、自動車などが急速に売れ、「耐久消費財革命」が生じた時期として分析している（Martha L. Olney *Buy now, Pay later : Advertizing, Credit, and Consumer Durables in the 1920s*, Chapel Hill : University of North Carolina Press, 1991.）。

自動車などの耐久消費財市場においても大企業が市場を支配する。そして、その寡占市場で注目したいのが、そこでの非価格競争である。アダム・スミスが市場は「価格」という「神の見えざる手」を軸に動いてゆくことを、『国富論』で展開したのはよく知られている。しかし、そのスミスが明らかにしたその市場は寡占市場ではなく、無数と言うべき多くの企業による「価格」での競争的市場を想定したものであった。

企業経営の研究で有名なアメリカのアルフレッド・チャンドラーという学者は、この「寡占市場」について、「市場が『見えざる手』から『見える手』によって動かされるようになった」（アルフレッド・チャンドラー『経営者の時代』（上・下）』鳥羽欽一郎他訳、東洋経済新報社）と指摘した。「見えざる手」による市場はまさに「神の手」というべき「価格」を中心にした市場であり、そこから次に少数の寡占企業同士による人間的な「見える手」によって、価格競争をより回避し、大企業がかなり管理し得る市場体制となったのである。

そこで、寡占企業にあっては、非価格競争による対市場行動が、経営において主要な課題となる。マーケティングはそこを基盤に生まれたといえる。つまり価格競争を大企業は避けるようになる。その大きな要因の一つとしては、巨大な工場や生産設備を投資するようになれば、その費用を長期にわたって回収せざるをえず、長期にわたる安定した経営が望まれる。市場競争によって価格が著しく変動することは、経営が安定しないことになる。それは競争相手の他の大企業も同じである。したがって、寡占市場の企業競争は非価格競争にならざるをえない。

しかし、価格で競争しないとしても、寡占企業は市場競争から逃れられるわけではない。何らかの市場競争が強いられる。それらの代表的な競争が「製品」を巡る競争である。企業の競争が「価格」から「製品」にシフトする。具体的には市場戦略において製品差別化戦略が重視される。他社の製品と自社の製品がいかに差別的に優れているかを市場で競うのである。

製品差別化戦略の歴史的発展

製品差別化戦略において具体的なマーケティング競争が生まれる。例えば、日本では今でもビール市場などは基本的には非価格競争の寡占市場であり、マーケティングの製品差別化戦略が盛んな市場である。しかし、その製品差別化戦略の内容は時代とともに変化してくる。端的にいえば、ハードからソフトにその競争内容が変化してくる。

例えば自動車市場で見てみよう。最初は、自動車の基本的機能を担うエンジンなどの燃費の良さを競いそれを広告などで強調し、他社とマーケティング競争する。しかし、その技術的な競争が行き着くと、次は副次的な機能というべき、カーデザインや車体の色などというアクセサリー的な競争に移る。さらにその次の競争が商品の「ステータス」などをひけらかすブランド的な競争になる。それらに関連することがドラッカーの『マネジメント』にもあり、それも辞書的に「もしドラ」は次のように引用している。

一九三〇年代の大恐慌のころ、修理工からスタートしてキャデラック事業部の経営を任されるにいたったドイツ生まれのニコラス・ドレイシュタットは、「われわれの競争相手はダイヤモンドやミンクのコートだ。顧客が購入するのは、輸送手段ではなくステータスだ」と言った。この答えが破産寸前のキャデラックを救った。わずか二、三年のうちに、あの大恐慌時にもかかわらず、キャデラックは成長事業へと変身した。

（『マネジメント　基本と原則』エッセンシャル版、二十五頁）

製品差別化戦略が、ハードの基本的な製品の機能から、副次的なデザイン、さらにはイメージを重視する「ステータス」を感じさせる商品の競争へ発展する。いわばこの「ステータス」を競うのは顕示的な「イメージ競争」でもある。高級自動車のCMによく登場する人はいわゆる「セレブ」が多い。製品に空気のような「高級イメージ」をまとわりつかせて市場で売るのである。

そして、その見せびらかしの競争が、今日隆盛を極めているブランド・マーケティングでより強化されている。バックなどの高級ブランドとして知られるルイ・ヴィトンの日本での売上げは、全世界のヴィトンの総売上げにおいて三割以上を占めるといわれる（『二〇〇〇年版通商白書』）。またフランスなどの海外で日本人がヴィトンを買っている額を加えると四割以上にもなるだろうと推計できるという。日本人は高級ブランドが好きである。

ブランド「イメージ」による差別化戦略

ブランド商品を持つことで他者と違う「自分」を示す。その差別化はあくまでも「イメージ」であろう。ブランド戦略は、その商品のもつ「イメージ」で消費者のそれぞれが自分自身を「差別化」することを助長する。その意味から言えば、ブランドはステータスなどを含め「イメージによる差別化」だと言える。

非価格競争を軸とするマーケティングの主要な戦略である製品差別化戦略の発展を、基本的機能の差別化→副次的なアクセサリー的差別化→イメージによる差別化、と歴史的に見てきた。そこでさらに考えたいのが最後のイメージの差別化である。

自動車の基本的機能を担うエンジンの差別化は、燃費など技術的なイノベーションが必要である。しかし、「夢のエンジン」などのようなイノベーションは、なかなか生じない。また、卓越したエンジン技術が発明されたとしても、他社も模倣的に追随して、同様の製品を売り出す。それによって技術が平準化してゆく。だから、次なる副次的な機能の差別化が企業間で競争的に盛んにならざるをえない。

しかし、カーデザインやボディの色など、その副次的な機能の差別化が必ずしも消費者に受け入れられるとは限らない。また、副次的差別化はまだ「ハード」に片足を入れている。つまり、カーデザインなどは車体という「ハード」と関連している。やはり、消費者の自動車への多様なニーズに応えるといえども、一人ひとりの要望にオーダーメイドのように生産できるはずはない。それよりも、空気のような「イメージ」の差別化を行えば、すくなくとも「ハード」の差別化から逃れられる。

技術的に新しいとはいえない車でも、「イメージ」を変えればこれまでにない「新しい自動車」を市場に登場させることができる。その意味でもテレビCMなどはイメージ戦略において重要である。ただ、自動車などでの差別化戦略は、現実的には基本機能の差別化、副次的な機能の差別化、イメージの差別化などが重層的に行われている。つまり、どの差別化を強調するかはその時の市場の状況に適応しながらマーケティングが行われているといえよう。

二十世紀の初頭にアメリカに生成したマーケティングは耐久消費財革命などを経て、非価格競争的なイメージの差別化戦略やブランド戦略まで発展したのである。そのイメージの差別化はより進化してゆく。進化というより戦略的には深化しているともいえる。そしてそのイメージ戦略の先兵がブランド戦略である。イメージというのはまさに「雰囲気」と共にある。したがって、ブランド・マーケティングは「雰囲気」の競争であろう。

高級ブランドのバックや衣服を身につけることは、並の人と違うのだというのを「ブランド」を通して他者に顕示している。そこに、そのブランド企業の戦略がある。そして、その企業は「このブランドを持つと選ばれた人であるセレブ感覚になれますよ」とブランド品を売り出す。しかし、売上げを上げるためには、普通の一般的な多くの人に買ってもらわなければならない。つまり、「貴方は選ばれた人ですよ」といって、その「選ばれたひと」を大量に増やす。この「矛盾」をどう隠しながら売るかが、今日のブランド・マーケティング戦略である。

この戦略を平たくいえば、プレイボーイの囁き戦略である。つまり、「君だけが好きだ」と、手当たり次第に他の多くの女性にも同じようなことをささやく、嫌なプレイボーイのようなものである。

ブランドと自尊心のジレンマ

さらに、このブランド商品による差別化を消費者の行動面から考えてみよう。ブランド品を身に付け周りの人に差をつける。そこにある屈折したジレンマがある。

Aと言う人が職場などでブランドを誇示しても、その職場の人がそのブランドのことを知らなければ、そのブランドの価値はない。したがって、Aさんの顕示的行動は、Aさんの周りの他者が、その「ブランド」を知りうる限りの差異化・個性化である。「個性的」といえどもその根っこは世間的なステレオタイプの価値観が温床になっている。ある時、職場や学校でAさんの持つブランド品より高価なブランド品を他の者が身に付けてきたら、そこでは競争が生じる。そこでさらにAさんは高価なブランド品を買ってくる。そうすることによってAさんは周りの人に評価されたいのである。そこで、後でも検討するが、そのブランドを身につけることでAさんは自分の「個性」を発揮していると思っている。だから「これでもか、これでもか」と、ブランド品により「個性」を衒い自尊心を満たそうとする。それに対応するようにブランド企業はその「個性」を煽るために、「パーソナライズ・マーケティング」戦略を徹底して行う。

やはりAさんは、職場ではなかなか十分な評価が得られないような、常に不満足の精神状態にあるといえる。しかしながら、Aさんは周りの人へ評価をさらに求める。この状況を冷静に第三者的に見れば、Aさんは周りの人々に本当は嫌われているのに気付かない。そもそも嫌われている人に対し、ブランドで身を飾り、認めてもらいたいのは土台無理な話である。Aさんは出口のないジレンマに陥っている。さらに言えば、Aさん自身は「自尊心のジレンマ」の状況が見えていないのである（作田啓一『個人主義の運命』岩波書店）。

現代ではブランドへの欲望が消費者の精神的な問題、例えば「買い物依存症」などの「病」にまでも及んでいる場合が多々ある。この「自尊心のジレンマ」はこれから考える「感動」や「個性」のマーケティングと同じく、より個人的な「感情」にマーケティングが影響を与えていることの証拠でもある。

アメリカの寡占市場の形成からマーケティングの生成をみて、さらにそこから製品差別化がイメージのブランド競争へと発展してきたことをみた。そして、さらに今日では、それらがこの章の課題である「個性」・「感動」マーケティングへ発展している状況にある。

その「個性」・「感動」マーケティングをあらためて考えてみたい。具体的な例で見てみよう。ルイ・ヴィトンのマーケティング戦略を少し詳しく分析してみよう。

ヴィトンのマイナス・イメージの払拭戦略

ヴィトンのブランド・イメージについてのMyVoiceというネットリサーチ会社が二〇〇一年にアンケート調査し、八五二三人からの回答を得たものがある（表3－1）。そのアンケートで興味を引くのが、次のヴィトンに対するマイナスのイメージについてである。

このアンケートで注目したいのは、「みんなが持っているので恥ずかしい」が複数回数で三五％を上回って第一位になっていることである。このことは、高級ブランドとしては、大きな問題である。つまり、人と「違う高級感」を示すためにヴィトンを身に付けている人にとっては、まさに嫌なマイナスイメージである。

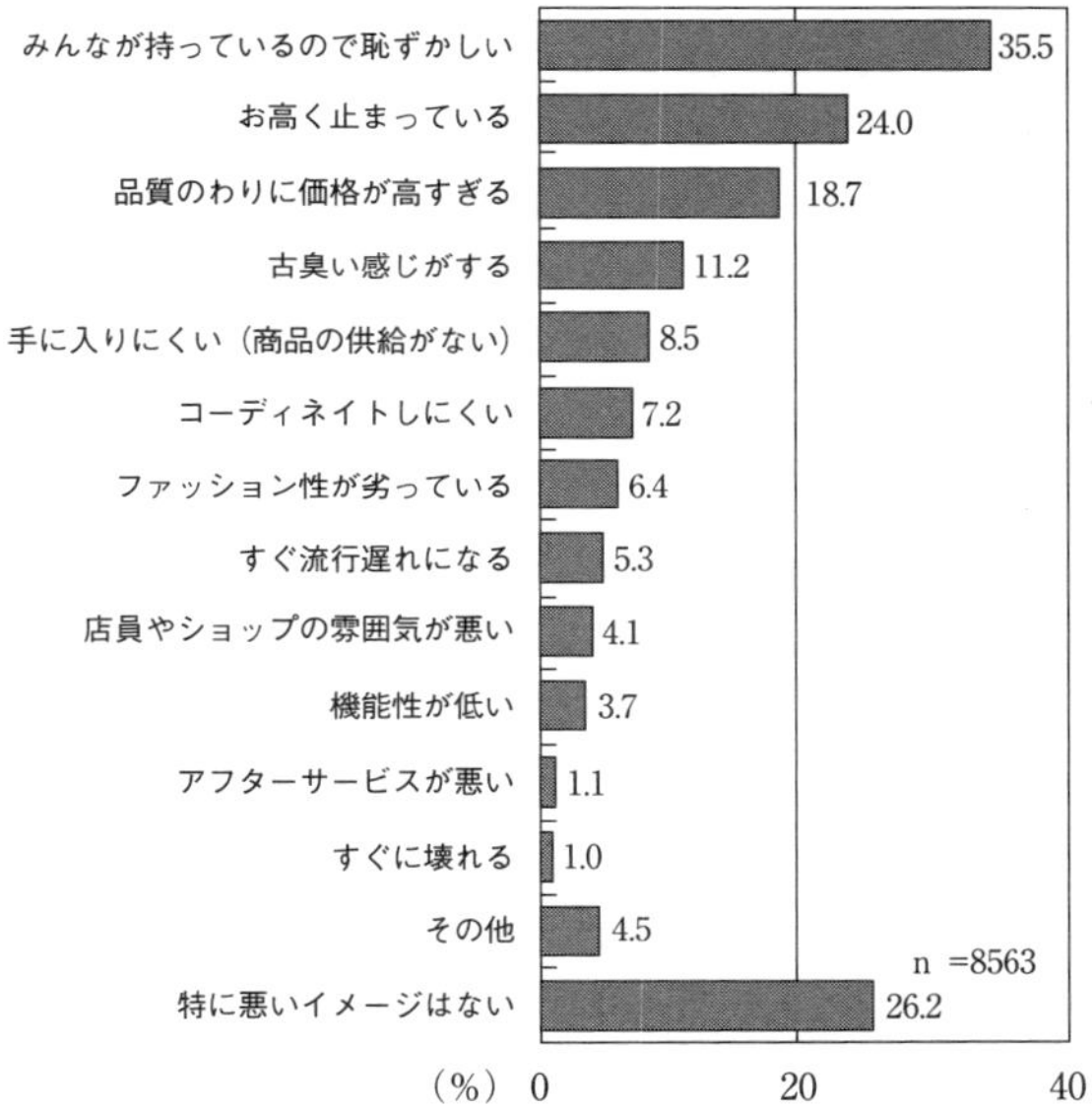

表3–1　ルイ・ヴィトンに対するマイナスイメージ
（複数回答、「My Voice 社アンケート調査2001年」より）

先の嫌なプレイボーイの彼はいろんな女の人に「貴方だけ」と囁き、多くのガールフレンドと交際していたのである。だから、このヴィトンを「みんなが持っているので恥ずかしい」と感じているのは、誰にでも「君だけが好きだ」と囁いていた嫌なプレイボーイの本性が発覚し、彼に対して女性たちが嫌気を感じているようなものであろう。

ヴィトンとしては「みなが持って恥ずかしい」というイ

メージが定着したら、マーケティング戦略としては致命的である。そこで次なる戦略を考えざるを得ない。それを、ヴィトンのホームページでみることができる。それはルイ・ヴィトンのパーソナライズサービスである。

自分のイニシャルを入れ、ストライプを選ぶ

ヴィトンのパーソナライズ・マーケティング

パーソナライズ戦略を日本語でいえば「自分だけのヴィトン」戦略と言うことになろう。上の絵に示したようなヴィトンのバッグがある。それには自分のイニシャルと自分で選べるストライプがある。ストライプの内容は、幾つもあるパターンから前もって買う人が自分の好きな配色を決めてよく、イニシャルと固有のストライプがはいった「自分だけのヴィトンのバッグ」を持ってもらうためのサービスであり、マーケティングなのである。それは、多くの人がヴィトンを持っているから恥ずかしい、というマイナスのイメージを払拭するための戦略といえよう。誰でもが持っているヴィトンだけども「私のイニシャル入りのバックは違う」のである。

これらのストライプのパターンは、無数と言っていいほど用意されている。そしてそれらのパターンを決めるのは、店に行かなくてもヴィトンのホームページで前もって「試作」的に自分で試すことが出来る。そのような消費者の思いを上手く衝いたのが、ヴィトンの「パーソナライズ・マーケティング」戦略である。

例えばそのストライプやイニシャル入りのバックを、彼氏などからプレゼントされるとすると、そこには貰った彼女だけの「物語」や「思い出」が生まれ、自尊心をくすぐる「プランド」になる。それは先の川島みなみたちのいう「感動」と同質なものであろう。「もしドラ」に出てくる登場人物である野球部員は、そこで繰り広げられる自分だけの「物語」や自分だけの「感動」をそれぞれに「唯一」のものと思うのであろう。そのそれぞれの「感動」世界を商品に結びつけるマーケティングが、このヴィトンのブランド戦略といえる。それは唯一無二の「感動」を伴う「個性重視」マーケティングとも呼んでもいいであろう。さらに言えば、「究極」の製品差別化戦略といえよう。

無限の「製品差別化戦略」としての「個性」や「自分探し」

市場構造の寡占化から非価格競争となり、そこから製品差別化を軸としたマーケティング競争が消費者の個性をくすぐるマーケティングへと発展してきたのを見てきた。つまり、最初は製品のハード面の差別化だったのが、今日ではその「差別化」は個々人の「感動」「物語」の領域にまで発展している。差別化は「個性」や「自分探し」イデオロギーと連動している。それは「無限の新消費大陸」ともいえる。その「新大陸」を企業のマーケティングが見逃すはずはない。なぜなら「自分らしさ」探しは「自尊心のジレンマ」を伴いながら無限に続く「消費大陸」だからである。

さらにそれらの「パーソナライズ・マーケティング」が、消費者の「下流性」と強く結びついていることを見逃してはいけないと思う。少し注意深く最近の企業CMを見ると、そこには「自分探し」「個性」「自分だけの」などの文言が散乱している。一見、心地よい言葉だけれども、よく考えると大きな「下流性」が潜んでいる。「感動」マーケティングもしかりである。

「個性的」、「自分探し」、「感動」などの言葉は、マーケティングの製品差別化戦略とは今日では相性が良い。しかし、このマーケティングには高度な「戦略性」が潜んでいる。さらにこの「パーソナライズ」・マーケティングを考えてみたい。

いうなれば「個性」とは自分に固有の「属性」といえる。そこでは「自分とは何か」が問われていることにもなる。そのことと、現代のマーケティングは結びついているのである。そもそも「自分とは何か」から考えてみよう。

マーケティングで見る「個性」や「自分」とは何か

「自分とは何か」、この問題は哲学的に長い歴史を持ったものである。哲学だけではなく心理学、社会学においても議論されてきた。例えば、社会学でよく知られるＧ・Ｈ・ミードの客我（ｍｅ）と主我（Ｉ）という概念がある（Ｇ・Ｈ・ミード『精神・自我・社会』河村望訳、人間の科学社）。

客我とは、他者から見た自分と言うべきものであろう。そして主我はその客我に反応する自己といえる。したがって、自我を社会的に捉えると、主我と客我のせめぎ合いだといえる。そこに「自分」があるといえる。その「葛藤」を考えるのに参考になるのが精神病理学者木村敏氏の自己論である。

木村氏も「名指される自分」と「名指している自分」という二つの概念を提示される。木村氏は、いわゆる人称代名詞を例に、その二つの概念を説明される。つまり英語で「Ｉ」という場合でも、その人称代名詞によって自分を自分で名指しているといえる。木村氏はそこから次のように述べられる。

……自分を代名詞でもって名指せるということは、そこに、名指される自分と名指している自分とのあいだの一つの距離のようなものを考えなければ、到底それは考えにくいんですよね。（木村敏・金井恵美子『私は本当に私なのか』朝日出版社、四十四頁）

つまり、自分が自分で自分を「客体化」するところから人称代名詞の「Ｉ」が生成してくると考えられる。そして、そこから木村氏は興味深く次のように展開される。

……客体化された自分、自分にとっての他なるものとしての自分ということになるんだけども、もう一方の名指している自分というのはいったい何だろうか。これが非常に難しい。名指している自分というものが別個にあるのではなくて、そこにそのつど発生する一つの距離、あるいは差異といってもいい、名指している自分と名指されている自分との差異、これが実は「名指している自分」の正体なのではないか。

(『私は本当に私なのか』四十四 - 四十五頁)

「名指している自分」をどう考えるか、それが「自己」論の要点だと言える。また、われわれは木村氏の言う「名指している自分」と「名指されている自分」という区別を普段は意識していない。さらに言えば「自分とは何か」を自分で語るのは、「言葉とは何か」を「言葉」で語る難しさと同様なものがある。しかし、木村氏は次のようにさらに突き進まれる。

……どう言ったらいいかな、名指されている自分は差異の片方としてあるんだけれども、もう一方、つまり名指している自分の方は、差異のもう片方としてあるわけではない。つまり、そこで差異を形成しているというはたらきそれ自身のことを「自分」と呼んでいるんじゃないか。

(『私は本当に私なのか』四十五頁)

つまりは木村氏にあっては、自己というものを「名指している自分」と「名指されている自分」の両方から「「差異」を考えるということであろう。しかし、その両方が「別存在」として対立的にあるわけではない。そこが難しい。そして、木村氏は結論的に「自己」を「差異自身が差異を差異化する」（前掲書、四五頁）と位置づける。この「自己言及的」な自己論から、今日よく日常的に耳にする「自分探し」や「個性」などを捉え直すとさまざまなことが明らかになる。

やはり、ブランド消費などにおける「見せびらかし」などを考えるうえにおいて、「自分」と「他者性」を分析するのは重要であろう。その点においても、木村氏自身も言うように「名指している自分」の問題が難しい。

ここで、あえて踏み込んで言えば、「名指している自分」や「名指されている自分」が、いわゆる先に見た世間的な「ステレオタイプ」により強く影響を受けているとすれば、どのような「自己」が形成されるのだろうか。

つまり、「ステレオタイプ」の価値観に裏打ちされた「自己」論を「個性的」マーケティングや「感動」マーケティングの問題と繋げて捉えるためにさらに「自己論」を進めて考えてみたい。

哲学者鷲田清一氏は『じぶん・この不思議な存在』（講談社新書）で「他者の他者」性という人間関係の重要性を示される。そして次のようにいわれる。

じぶんから他者を見るのでなく、じぶんを見る視線を他者のほうに設定する。「じぶんが」と考えるのではなく、他人のための、他人にとってのじぶんというものを考えるということは、それほどかんたんなことではないのだ。

（『じぶん・この不思議な存在』一一三頁）

この鷲田氏の叙述にあるように「自己」には、「葛藤」があるのである。「他者」の視線を重視すると、それこそ受け身的な「自己」になる。しかし、「他者の他者（自分）」、つまり他者のなかの「じぶん」がどう位置づけられているかを積極的に意味あるものとして捉えること。そのことを鷲田氏に倣えば「ポジティブな受け身」ということであろう。ここでの「ポジティブ」という側面は、木村氏のいう「名指している自分」のもつポジティブな側面と共通していると言えよう。したがって、「ポジティブな受け身」という「自己」は、やはり「他者」とどのように積極的な関係を持つか。それこそが、痩せ細った「自己」になるのか、豊かな「自己」になるのかの分岐点だと言える。

先のヴィトンなどの「パーソナライズ・マーケティング」戦略でいう「個性的製品」の多くは、やはり「ステレオタイプ」を基調とした「他者」を基盤としているのではないか。したがってそれは、これまで考えてきた木村氏、鷲田氏などの「自己論」からいえば「痩せ細った自分（消費者）」だといえるのではないかと思う。

僕はゲームが好きだから、私はネイルが好きだから

もうすこし身近に「自己論」を考えてみよう。例えば、「ゲーム」に夢中になって、親から叱られている子どもは多い。そこでは、親がその「ゲーム機」を暴力的に取り上げる場合もあろう。しかし、その子どもは、またこっそり「ゲーム」をやる。子どもは言うであろう。「だって、ゲームが好きなんだもの」と。

この問題と「自己」論は関係している。要は、その子どもに「ゲームが好きな自分を見る『もう一つの自分』」を考えさせることであろう。つまり、「ゲーム好きな自分」を客観的に見る、もう一つの「自分」を想定できるように考えさせることが大切だと思う。「なぜこうも自分はゲームが好きなのだろう」と子供自身に考えさせるのである。

また、よく仕事や学校を選ぶとき、例えば「ネイルアートが好きだから、ネイルアートの専門学校に行きたい」という若い人がいる。ここでの「好きだから」という言葉は、もう一つの自分というべき「ネイルアートを好きな自分」をよく考えたかどうかが重要だと思う。「もしドラ」のマジックワードである「感動」とネイルアートの「好きだから」は、そこでの「他者性」の多くがステレオタイプ的な「他者性」を基盤としているものなのではないか。

「ステレオタイプ」の「他者」にある自己

問題は「もしドラ」の川島みなみたちには「他者」があまり見えないことである。そこで

は「甲子園＝他者」というような「ステレオタイプ」イデオロギーが、大きな位置を占めているからだと思う。そしてそれは、「ステレオタイプ」の「他者」のなかで構築する「自己」の問題となる。

製品差別化戦略における製品には目先では違いがあり、まさに括弧付きの「個性的」な製品差別化を行っているが、それをささえる製品生活文化というべきものは「ステレオタイプ」を基盤としている場合が多い。つまり、巷にあふれる「ステレオタイプの感動」はやはり精神的な面における「大量生産」の類であろう。したがって、その分その種の「大量生産」は「製品」コストを下げる。

さらに言えば、「ステレオタイプ」と「自分らしさ」はある意味では両者は相容れないものであろう。しかし、マーケティング戦略ではその両者が巧妙に結びついている。この点をわれわれは消費者としても見極める必要があろう。

自動車市場は、まさに製品差別化戦略やターゲットを細かくし、市場細分化戦略が盛んに行われている。カーデザインはもとより、内装も含め他社と違う自動車を売り込む。さらに、今日では内装の色などの要望を購入前に消費者から受け、より「個性的」な自動車が売り出されている。同じブランドや車種の自動車でも内装などの細かい点まで含めると全く同じ車は、先のヴィトンのパーソナライズ戦略と同様にあまりないと言っていいほどであろう。

あるパン工場を思い浮かべて欲しい。そこでは、パンを作るためにラインがある。そのべルトコンベアにはまだ焼く前の「パン」の白い「生地素材」が一個一個流れている。つまり、大量生産によりその「パン生地」は形成されている。それはまさに「コスト」を下げるための機械化であり大量生産である。そこから、次にその「パン生地」に、機械でクリームを入れる。そうするとクリームパンになる。そのクリームパンが終わったら、次は同じ形の「パン生地」にジャムを入れる。そこでジャムパンができる。同様に餡子をいれると「あんパン」になる。このことを自動車のラインで考えると、自動車のボディそのものは「パン生地」であり、その「ボディ(パン生地)」にジャムを加えたり、クリームを加える次元で目先の変わった製品差別化された製品が生まれる。

つまり、自動車の同じ形のボディがベルトコンベアで流れているが、それにアクセサリー的なバンパーの形を変えたり、ボディの色や塗料の感じを変えたりして、「ジャム車」になったり「クリーム車」になるのである。そして、その目先のちょっと変わった部分を「針小棒大」的に強調して、テレビなどで大々的にCMをする。

製品差別化戦略や市場細分化戦略の現実は、大量生産の「コスト削減」と、個々の消費者に訴求するための差別化による「コスト増」との綱引きだと思える。さらにいえば、消費者の要望をより反映させた製品差別化といえどもそれは、大量生産の利益を損なわない限りで行われる。しかも、そのような「カラクリ」が自動車などの「ハード」な商品や製品だけでなく、サービス商品でも考えられる。例えば、それは東京ディズニーランドなどのテーマパーク産業にも見られる。そこでの安直で「退行的」な「幼稚な感動」がコスト節減のために戦略的に巧妙に組み込まれている。多くの遊園地などのレジャー施設には、なにがしかの「退行的」要素がある。また、そのような施設に、「大人」が喜々としてゆくことが、最近では違和感なく一般に受け入れられている。

個々の人々の「感動」をより分け入ってステレオタイプでない製品化や商品化や映画作りを行おうとすれば、入念な労力を伴い、それはまさに「コスト」が高くなるのである。しかし、「感動」は大量生産されている。そして、その感動が「自己」論と結びつき、さらには「製品」の売り込みにもつながっている。

思うに、ステレオタイプに根ざした「感動」に浸る人が、ドラッカーが重視する社会的なイノベーションを起こせるのだろうか。出来るとしたら、基盤となっているステレオタイプを相対化し乗り越えなければならないであろう。もう少し、「感動」マーケティングと関係するステレオタイプを考えてみよう。

ステレオタイプとしての血液型判断

血液型により性格を判断するという、「ステレオタイプ」志向の典型的な風潮が日本にはある。大人が「B型は○○」などと、真剣にいっているのをよく見かける。血液型に関する本も売れる。この血液型について追跡的に調べ取材した面白い新聞記事がある。それは西日本新聞社文化部の藤田中氏が、血液型と性格判断の「ルーツ」を書いた記事である（「西日本新聞」一九九八年四月三日付）。

その藤田氏によれば、血液型性格「学」の「ルーツ」は一九二七年まで遡るという。長崎県出身の教育学者古川竹二（一八九一－一九四〇）が、昭和の初めに「血液型と気質は関係あり」とし、勤務先の東京高等師範学校の職員六十一名を調べ、今日の四つの血液型による性格判断の原型を作ったとされている。その古川説は当時反響も大きく、陸軍の部隊編成などにおいても応用しようとしたそうである。しかし、一九三三年の日本法医学学会で徹底的に否定される。そして、興味深いのは、その古川氏の長男で群馬大学医学部名誉教授古川研氏の次のコメントである。

何の因果か、自分も血液研究を生涯の仕事とした。はっきり言えば、遺伝、免疫、生化学……どの知見からも性格との相関はない。それが親父への精いっぱいの論評だ。

（藤田中「血液型神話・現代に生き続ける錯覚　教育学者古川竹二」「西日本新聞」一九九八年四月三日）

皮肉といえば皮肉である。血液型により性格判断を切り開いた父を否定する長男の言葉は重い。しかし注目すべきは、一九九二年の社会心理学会の報告で、年々血液型と性格との関係が強まっているとのデータが示されたという。それらを踏まえ藤田氏が「これは人々が、血液型性格特性という架空の鋳型に、自分をはめ込む自己形成を始めた結果である（前掲新聞記事）」とまとめられている。ここでいう藤田氏の「鋳型」は、まさにこれまで述べてきた「ステレオタイプ」と同じといえるし、転倒的現象が起きている。このことは、ブランドが「主」で製品の質や効用が「従」というようななな消費生活を今日のブランドマーケティングが煽っていることと関係があると思える。

さらに、社会的に影響力のある大企業などは消費者を「ステレオタイプ」への囲い込みそれを「協働」で行っていると思える傾向が目につく。例えば、ステレオタイプの価値観に裏打ちされたオリンピックに大企業が公式のスポンサーに競ってなることなどもその一例だといえよう。世界的なスポーツ大会で発揮されるナショナリズムやスポーツマンの「爽やかさ」などが、ひいては商品のCMに使われその商品の売上げに結びつくのである。

ステレオタイプとテレビの関係はマーケティングを考えるのに見逃せない。民放のいくつかの在京のキーテレビ局が年に一回「〇〇時間テレビ」などを一日中放送する。それらの番組ではチャリティ（慈善）が前面に押し出されている。また、タレントなどがマラソンをするのを目玉のイベントにしている放送局もある。冷静にみると、なぜタレントが走るのに「感動」しなければならないのか。そのマラソンに出て名前を売って参議院議員になった人などのことを考えると、あの番組の「感動」は何なのか。また、その番組中に子どもたちが瓶などに詰めた小銭を募金として差し出している場面をテレビで見る。そして、その総額の金額が随時示される。私は、この種の番組に嫌悪感を感じる。

なぜなら、幼気《いたいけ》ない子どもの「貯金」を集めるなら、その二十四時間テレビの出演者の「ギャラ」なども集めてもいいのではないか。あの番組に出るタレントは「ギャラ」を貰わず出演しているのだろうか。どうなっているのだろうか。もしその「ギャラ」をタレントが貰っていたら、それをみんな集めれば相当の金額になるはずである。さらに言えば、その番組のスポンサーの広告費の総額は高額であろう。それをチャリティに使ったらと思う。

作られた「感動」の陰には、さまざまな下流層に向けたマーケティングを感じる。「感動」マーケティングのもつ問題は深い。「感動」、「個性」、「自分」、「思い出」などのマジックワードに繋がるパーソナライズ・マーケティングの「カラクリ」をこれまで見てきたように、よく考えてみる必要があろう。

やはり多くの人が持っていて恥ずかしいというステレオタイプの「他者性」に根ざすヴィトンのバックだけど、自分だけのイニシャルの入ったヴィトンとして持ちたい人がいるのである。これらの消費者はまさにステレオタイプの「他者」のなかでの「個性」であり「自己」だといえると思う。

ステレオタイプに染まった、人々の「感動」をマーケティングは利用している。つまり「もしドラ」のような「感動」は、「甲子園出場」というマーケッターにとっては確定した

「見えるステレオタイプのニーズ」だけに、定番的でコストがあまりかからないのである。したがって、ヴィトンのパーソナライズ・マーケティングと同様に「もしドラ」もそのステレオタイプの範囲のなかでの「個性的」な「感動」商品である。

そして、さらに見逃せないのはステレオタイプ的な「感動」などに拘る「自分らしさ」イデオロギーを固持する人こそは、先の内田氏も述べているが、「学ばない」のである。つまり、そのようなステレオタイプを疑わず、「自分らしさ」をより大切にする人ほど人の話を聞かないといえる。「ポジティブな他者」による「自己」ではなく、独りよがりの「自己」を形成していると思える。それも「下流志向」だと思う。やはり、多様な「他者」の中で「自己」を培うことが大切なことであろう。内田氏が先の苅谷氏との対談で次のように述べられているのを注目したい。

僕は格差は「イデオロギー耐性の強い」上位階層と、「イデオロギー耐性の弱い」下位階層との間で発生しているんじゃないかと思っています。（対談　内田樹・苅谷剛彦「お金と学力、その残酷な関係の行方」「中央公論」二〇〇九年三月号）

下流マーケティングに晒され、安易に「感動」している人は、ステレオタイプ的な「ブランド品」という「モノ」に頼るようなことが多いと言えよう。それらの人が、内田氏がここで言う下位階層の人々ではないかと思う。私は、この内田氏の言う「耐性」に関して次の傍点の文言のように読み替えてみたい。

ステレオタイプに対して「批判的で葛藤をする人」は上位階層であり、ステレオタイプに対して「無批判で葛藤をしない人」は下位階層であると。

その下位階層の人が「もしドラ」のような下流マーケティングの「餌食」になっているのではないかと危惧する。

さらに「もしドラ」のステレオタイプ的な「感動」の展開に納得し、疑問を感じない人は、下流マーケティングがピンポイントで狙う標的になるし、そこに気づかないと下流層にとどまったままになるのではないかと思う。

「もしドラ」マーケティング論の問題

次に「もしドラ」で展開されているマーケティング論が最近のマーケティング研究とかなり乖離している問題を考えたい。

「もしドラ」の最後の重要な場面でマーケティングついての叙述がある。それは、程久保高校の甲子園出場がきまり、その開会式の本番直前に、キャプテンである二階正義がテレビの女性インタビュアーから取材を受けるところである。

そこで女性のインタビュアーは、程高キャプテンである二階正義にインタビューを始めた。正義にあれこれと質問していた彼女は、最後にこんなふうに尋ねた。

「甲子園では、どんな野球をしたいですか?」

それを見ていたみなみは、正義がなんと答えるのか、興味を持って見守った。

この場は、当たり障りのないことを答えるのか、それとも「顧客に感動を与える」という野球部の定義を言うのか、あるいは、ノーバント・ノーボール作戦に代表される、イノベーションのことを話すのだろうか?

すると正義は、しばらく考えた後、こう言った。

「あなたは、どんな野球をしてもらいたいですか?」

正義は、インタビュアーに向かってそう言った。

それで、「え?」と面食らったような顔になった彼女に対し、正義は続けて言った。

「ぼくたちは、それを聞きたいのです。ぼくたちは、それをマーケティングしたいのです。なぜなら、ぼくたちは、みんながしてもらいたいと思うような野球をしたいからです。ぼくたちは、顧客からスタートしたいのです。顧客が価値ありとし、必要とし、求めているものから、野球をスタートしたいのです」

そう言うと、みなみの方を振り返り、ニヤッと微笑んでみせたのだった。

(「もしドラ」二六五－二六六頁)

まさに「もしドラ」の最終的な「決め言葉」というべき箇所である。みなみたちが野球部のマーケティングを「顧客の満足」に目標おいたことから、正義のインタビューへの「答え」もそれに沿ったものである。つまり言うなれば消費者重視のマーケティングである。消費者を重視することは、いまでは企業においては当たり前のことである。それはそれで問題はない。ただ、正義がいう「ぼくたちは、顧客からスタートしたいのです。顧客が価値ありとし、必要とし、求めているものから、……」という点である。

このマーケティングの考え方は、消費者が自ら「価値」、「必要」、「求めているもの」を消費者自身で言えると思っていると同時に、消費者に「求めているもの言ってくれ」、そうするとわれわれ企業はそれに応えてゆく、という考えであろう。

そこにはまず消費者の「ニーズ」があり、それに向けて製品開発を行い製品化し、市場に売り出すという直線的な流れが想定できる。しかし、である。そのような流れこそは「マーケティングの神話」である、というパラダイム変換を迫る研究書が一九九三年に出版されているのである。その著は、日本のマーケティング研究を主導されている石井淳蔵氏の『マーケティングの神話』（岩波現代文庫）である。

「もしドラ」マーケティング論とマーケティング研究の差

「消費者欲望」への疑問

日本のマーケティング研究に『マーケティングの神話』は、さまざまな影響を与えた。ここでは、その石井氏の研究のなかでも、氏の「消費者の欲望」論を中心に紹介しながら、それらの日本のマーケティング研究の進展と「もしドラ」マーケティングの違いを考えてみる。まず、石井氏はマーケティングと消費者の欲望との関係において、「消費者に欲望はあるか」と挑戦的な課題を設定される。

マーケティングの出発点は、製品の具体的属性に関する消費者のニーズあるいはその背後にある本能にも似た消費者欲望だと一般には信じられている。「作ったものを販売するのでなく、売れるものを作るのだ」という命題は、簡潔にそういったマーケティングの精神を表現するものである。ニーズこそが開発の動因になることを強調する議論はその典型であるし、そうは言わないまでも、ニーズのことをあまり考えずにたまたま出した商品がヒットしたという場合でも、ヒットしたのはニーズに合ったからだという言い方がされることは少なくない。

（石井淳蔵『マーケティングの神話』岩波書店、二十四－二十五頁）

この石井氏の叙述の前半部分は、まさに「もしドラ」マーケティングそのものの説明ともいえる。しかし、石井氏は、そこでの当たり前のごとく前提される「消費者欲望」の存在そのものに疑問を呈示される。たとえば、先の二階正義はインタビュアーした女性へ、野球に対する「価値」や「ニーズ」を逆に質問した。しかし、その女性はそれに対して明確に「ニーズ」を言えることが出来るだろうか。また出来るとしてもそのインタビュアーだけの「ニーズ」でいいのだろうか。さらに正義が他の人に同様に質問をしたら、さまざまな「ニーズ」がさまざまな人から発せられると想定できよう。

つまり、「消費者ニーズ」を消費者は自ら簡単には表現できないし、さらには企業にあってはそう簡単には「消費者ニーズ」は「確定的」に摑めないのである。そのことを石井氏は真摯に研究されている。また、その石井氏の研究を巡って他のマーケティング学者が論争し研究しているのである。したがって、「もしドラ」のマーケティング論と、日本のマーケティング研究との溝を考えたい。

石井淳蔵氏の「マーケティングの神話」論

石井氏は、実際にメーカーや企業が当初想定した「ニーズ」で売り出した商品が、その企業の思惑と違う、思いもよらない消費者の「ニーズ」でヒットした例について考えられている。また、消費者がビールの味を的確に表現できないことなどを、「マーケティングの神話」論を展開するうえで重視されている。

「もしドラ」などの旧来のマーケティング論が想定する新製品開発のプロセスは、石井氏の示す図3－2になろう。

しかし、そのようにスムーズに直線的に、うまくは行かない場合が現実には多いのである。例えば、石井氏は、いくつかのいわゆるヒット商品の製品開発をした担当者へのインタビューなども踏まえて詳しく分析されている。

その一つにTOTOの洗面化粧台である「シャンプードレッサー」がある。それは、洗面、洗髪、化粧などができる洗面台で、今となっては多くの家庭に備え付けてある。流行語的に「朝シャン」というような言葉が生まれたことと関連したヒット商品である。

この製品が市場に導入されたのは一九八四年である。しかし、当時は洗面、洗髪、化粧が「ワンストップ」で可能な洗面台という、明確なコンセプトで売り出されたものではなかったのである。当初は「シャンプードレッサー」は思いつきで開発されたという。ましてや、消費者の側にもそのような「便利さ」への「ニーズ」は当時は顕在化していなくて、市場投入した頃、取り付け工事店などが、その取り付けに難色を示していたという。TOTOの古賀社長（一九八八年の当時）が次のように語っているのを石井氏は紹介されている。

「普通の洗面台にシャワーをつけただけという感じで、必ずしもお嬢さん方の好みのコンセプトではなかった」（『マーケティングの神話』十一頁）と。

しかしながら、ある一定の強い注文はあったという。そして徐々に売れ始めたという。一九八五年が平均月産四〇〇台、一九八七年に同じく七〇〇〇台、一九八八年に同じく一万台という推移で売れていったそうである。

その売上げが徐々に伸びてゆく過程で、若い女性などを「標的」にし、出勤前の朝などに手軽に洗面所で化粧が出来、朝の時間がないときに「朝シャン」が可能であるという、これまでにない「商品コンセプト」が確定してゆく。そして、若い女性に受け入れられるデザインや水道の水が飛ばない洗面台の素材がより研究開発される。さらには、ハンカチなどの小物の手洗いも出来るというような新たな「ニーズ」「効用」が生まれる。つまり、「シャンプードレッサー」のヒットは開発担当者の最初の思惑とは違う「コンセプト」や「ターゲット」が「あとづけ」的に発見された例であろう。

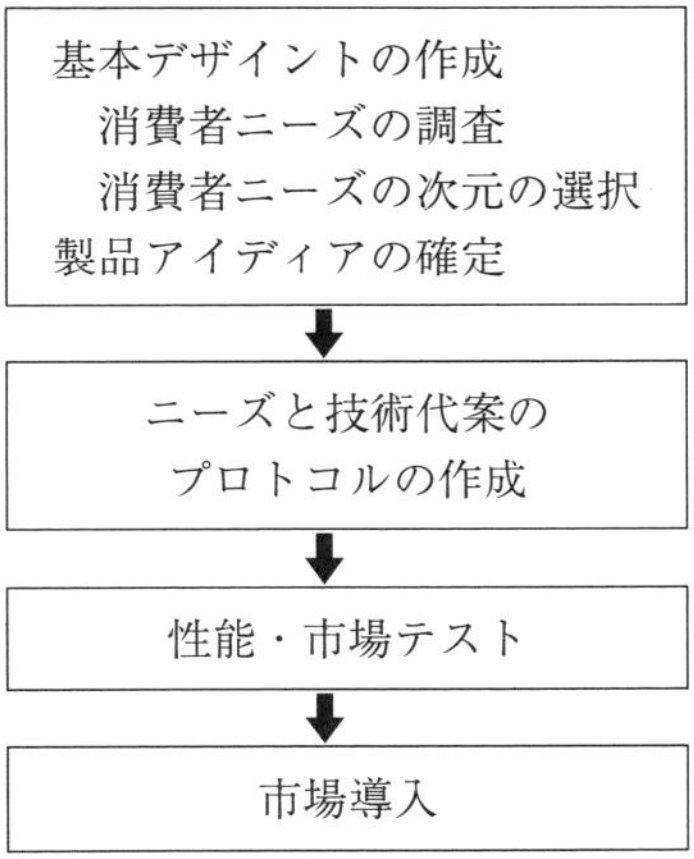

図3–2　リニアなタイプの新製品開発プロセス（石井淳蔵，石原武政編著『マーケティング・ダイナミズム』p110より）

とはいえやはり、ヒット商品の開発物

語を論理的に語ることも出来るのである。それは、洗面が「ためおき」洗いから、流水による洗面へと歴史的に変わってきたこと。さらには、女性の社会進出、若い人の「オシャレ」や「清潔感」を重視する生活など、そのそれぞれの背景から、「シャンプードレッサー」のヒットを「あとづけ」ることができよう。つまりは、開発から市場導入までの物語を作ることも出来る。先に見た直線的な製品開発「物語」が、一般的に分かりやすく、それが一人歩きするようになると、最初の紆余曲折した製品開発の現実が隠れてしまい、「きれいな開発物語」になるのであろう。

ヒット商品の「後付け的物語」が多いことをもう一度考える必要がある。消費者のニーズを確定して、それに直線的に向かいながら開発するという、美しい「製品開発ストーリー」についてである。そのような「ストーリー」が「もしドラ」マーケティング論の底流にあるといえる。

つまり、「消費者であるあなたは、どんな野球をしてもらいたいですか?」と聞かれても、消費者や顧客はそう簡単には答えられない点を、分析する必要があろう。消費者の「ニーズ」に「正解」があるとは言えないのである。それはかつて糸井重里氏が制作したの西武百貨店の有名「ほしいものが、ほしいわ。」というコピー（一九八八年）を見ても分かる。

ほしいものはいつでも

あるんだけれどない
ほしいものはいつでも
ないんだけどある
ほんとうにほしいものがあると
それだけでうれしい
それだけはほしいとおもう

ほしいものが、ほしいわ。

「ほしいものが、ほしいわ。」を英訳すると〝I want what I want〟になろう。しかしこれは〝I want what I want what I want ……〟と続くのである。この循環する自己言及的なコピーが象徴的に示しているように消費者は自分の「ニーズ」や「満足」を言葉に直接的にはなかなか出来ないのである。

「消費者ニーズ」に関して石井氏は言う。

……消費者は、競争会社であれなんであれ、存在する製品属性について要求することができるだけで、「不在の」属性については評価はもちろん、思い浮かべることすら難しいようなのである。

消費者、否われわれは、思う以上に複雑なのである。一方で、口に出る言葉以上に、いろいろなことが実はよくわかっている。「洗濯機に何か不満がないですか」と言われれば思いつかないが、「音がうるさいでしょう」と言われればその通りだと思う。「どういう雑誌が読みたいですか」と言われるとうまく答えることができないが〝HANAO〟という雑誌が発売されると、「そうそう、こんな雑誌が欲しかったの」ということになる。（マガジンハウス第一編集長・赤木洋一、中之島フォーラム第二回例会、一九九一年十一月）（『マーケティングの神話』三十頁）

「不在の属性」を企業は探さなければならないのであるが、それを当の消費者が上手く表現できないのである。インタビューしたぐらいで、消費者が「不在の属性」をすぐに語れるとは思えない。さらに、例え消費者が表現する「要望」や「満足」にしてもそれをそのまま信用できるとはいえない。

したがって、川島みなみが「感動」を顧客の「満足」にしたのも、それはみなみの独りよがりな思い過ごしだったかもしれない。「もしドラ」マーケティングにおいて、簡単に顧客の「満足」が発見される過程はやはり現実的には問題といえよう。その安直さからも「もしドラ」には単純なマーケティング観があるといえる。

また、簡単に目標を設定できたのは、やはり下流的な「感動」だからであろう。すくなくとも、今日のマーケティングにおいては、消費者が確固とした「欲望」をもち、それを客観的にマーケターが確固として掴むというような単純なマーケティング観は問題だといえる。そのような単純なマーケティングは、この高度に発展した消費社会においては「神話」と言わざるを得ない。

最近「朝カレー」「朝専用缶コーヒー」などの商品が売り出されている。従来の年齢や性別や地域などを基準としたターゲット設定による市場細分化ではなく、一日の時間のうちの「朝」を細分化の基準にした戦略であろう。それはそれで新しいマーケティング戦略だと言える。しかし、端的にいって、朝カレーを食べる明確な消費者の「ニーズ」がもともとあったのだろうか。

「朝専用缶コーヒー」についても、忙しいサラリーマンの朝の行動を分析して、確固たる「満足」を発見し、そこから製品化したのだろうか。そもそも、朝に「缶コーヒー」を必ず飲まなければならない「確かなニーズ」があったのだろうか。

先の石井氏は、「手段（製品）が目的（欲望）を決める」点に注目されている。それこそが現代のマーケティングには重要なのであろう。石井氏は、次のように結論的に述べられる。

消費者には潜在的に確固とした欲望があり、それに応じて製品にたいするニーズが出現するという前提は、伝統的なマーケティング論における人間についての基本的理解である。しかし実際のマーケティングの現場では、どうも客観的な消費者欲望の実在を仮定するのは現実的ではないように見える。むしろ消費者は、消費に先立って欲望をもっていると仮定するより、消費しつつ欲望を構成すると考える方が理にあっているように思える。

（『マーケティングの神話』三十九頁）

この石井氏の指摘が、今日の日本のマーケティング研究における重要な課題である。そこからさらに、最近のマーケティング研究で議論になっているのは、不確定な「消費の恣意性」である。とくに、さまざまな商品や製品のもつブランド性や文化性が重視される昨今においては、ますます消費の「恣意性」や「偶有性」が研究の課題になっているのである。「もしドラ」は、重要な「ラストシーン」で古いマーケティング観がダメ押しのように強調されている。それは読者に大きな印象を与える。その意味からも、そこでのマーケティングに関する問題点は批判されざるを得ないであろう。

「もしドラ」マーケティング論は日本における近年のマーケティング研究との差が大きい。やはり、本章の前半で指摘した「感動」というものを「マーケティング課題」に設定した下流的な問題点や、後半で述べた単純な消費者重視マーケティング論には、問題を指摘せざるを得ない。

第四章　「もしドラ」と危険な「自己啓発セミナー」との共通点

自己啓発セミナーの危険性と「怪しさ」

危険な自己啓発セミナーとは

この章では、「もしドラ」のストーリーにみる危険性を考えたい。人間主義的なマネジメント論は、マネジメント（企業経営）の分野で人間の「可能性」を限りなく切り開くという、一見まっとうな考えであるけれども、そこに潜む大きな問題を「もしドラ」のストーリー展開のなかに見てみたい。先取り的にいえば、「もしドラ」の展開がいわゆる「自己啓発セミナー」で行われる内容と類似している点に危険性を感じるのである。

そこで、この章の前半で自己啓発セミナーの全体像やその内容の問題点を考え、それを踏まえ、後半では「もしドラ」に見る「人間主義的マネジメント」論の問題をいくつかの論点に絞り展開してゆきたい。

自己啓発セミナーとは「本当の自分を発見」するとか、「自己の可能性を切り開く」とか、さらには心的外傷（トラウマ）を解消するなどを、謳い文句にする体験的講座（セミナー）

である。これらのセミナーは一九七〇年前後にアメリカで生まれ、日本にもこの手法のセミナーが一九七〇年中盤に入ってきた。そして一九九〇年代に日本において流行したことでよく知られるようになった。今日ではその当時と比較すると下火になっているが、いまもそれらの流れは脈々と続いているといえる。

ロックバンドＸＪＡＰＡＮのヴォーカリストとして知られているＴＯＳＨＩについて、彼が自己啓発セミナー会社と呼ばれている「ホームオブハート」との関連で、一九九八年に週刊誌によって「ＴＯＳＨＩは洗脳された」と報道された。テレビのワイドショー番組にも、洗脳したとされる「ホームオブハート」とＴＯＳＨＩとの詳しい関係が取り上げられた。また、二〇〇七年には、その「ホームオブハート」のセミナーに参加した女性が損害賠償請求の裁判を起こした。その裁判の判決を下した東京地方裁判所は、「ホームオブハート」側らに「許容範囲をこえる精神的拷問をその女性に与えており、違法行為である」として、一五四〇万円の損害賠償命令を下した。

二〇〇九年にＴＯＳＨＩは、自己破産を申請し、当時の香夫人（彼女も「ホームオブハート」と関連している人）と離婚調停にあることを表明している。驚くべきことはその時、ＴＯＳＨＩの音楽活動による収益がほとんどその「ホームオブハート」に流れていたことをＴＯＳＨＩが明らかにしたことである。そして、自己破産に関連して、ＴＯＳＨＩは「ホームオブハート」との決別を示した。そのことを当時の二〇一〇年一月十九日の「朝日新聞」は次のように報じている。

XJAPANのボーカルTOSHI（44）が18日、都内で弁護士とともに会見し、自己破産金額が億単位に上り、千万円単位の未納の税金額があることを明らかにした。自己啓発セミナーのホームオブハート代表のMASAYAこと倉渕透氏（52）と、離婚調停を申し立てた香夫人（40）に収入の大部分を収奪されたとし「お金を返してほしい」と訴えた。だが、金銭の流れなど具体的な内容は「分からない」「調査中」と、はっきりしなかった。

以上の新聞の報道にもあるように、自己啓発セミナー会社の全てとは言わないが、この種の自己啓発セミナー会社が社会的にさまざまな問題を引き起こしてきた。

個々の自己啓発セミナーは、その内容や参加人数によって異なる。内容は、ビジネスに関連した能力開発的なものから、心理的に悩み「本来の自分探し」などを求める人に対応するというものもある。

そこで、自己啓発セミナーを研究されている小池靖立教大学准教授の「商品としての自己啓発セミナー」（河合隼雄・上野千鶴子共同編集『現代日本文化論8』「欲望と消費」岩波書店）や樫村愛子愛知大学教授のいくつかの論文を参考にこの問題点をまず考えたい。

まず、自己啓発セミナーの実際を概観しておこう。そのセミナーへの参加料は期間などにより価格も様々である。小池氏や樫村氏らの論文によれば、多くのセミナーが段階的に行われている。最初は、ベーシック・コースなどと称され、第一段階として、そのセミナーに三~四日間通う。料金は十万円前後。さらには第二段階では、多くは四~五泊の泊まりがけで行いアドバンスコースと称され、料金は二十万円~三十万円前後。さらには第三段階ではエンロールと呼ばれ約三カ月間のセミナーが行われ、料金は無料から五万円前後とされる。

その自己啓発セミナーの具体的内容を見てみよう。自己啓発セミナー参加者は、かつてその自己啓発セミナーに参加した者から誘われる場合が多い。つまり新たな参加者を勧誘することが、自己啓発セミナーに参加した人のいわば「卒業要件」ともなっているからである。

この自己啓発セミナーの段階を小池氏は大まかに以下のように述べられている（前掲書「商品としての自己啓発セミナー」一二七頁）。

第一段階のベーシックで自己を知り、第二段階のアドバンスで自己の殻を破る。さらに第三段階では、そのセミナーで得たことを日常生活に役に立てるという流れだと紹介されている。

そこでの参加者は、一人ひとり「レストランのお店を大きくしたい」とか「テレビタレントになりたい」とか、さまざまに具体的な目的をもちセミナーを受ける。

それらの要望に応えるべく自己啓発セミナー企業はまさに、セミナー受講者の可能性を高めるためのプログラムを提供する会社だといえる。小池氏によれば、受講者は二十代後半から三十代前半の年齢層が最も多いとされ、男女比は四対六で女性の方が多いという（小池靖「商品としての自己啓発セミナー」一二七－一二八頁）。

次に、その三つの各段階のそれぞれの内容とそこでの問題点の指摘も含め考えてゆこう。樫村愛子氏は『臨床社会学のすすめ』（大村英昭・野口裕二編、有斐閣）に収められている第三章（「『自己啓発セミナー』の臨床社会学」）、また『ラカン派社会学入門』（世織書房）にある「自己啓発セミナーの危険性」、同じく『「心理学化する社会」の臨床社会学』（世織書房）にある「自己啓発セミナーの困難」などの論述で、そのセミナーの持つ問題点を鋭く抉られている。

樫村氏は、最初の段階のベーシック・コースから次のアドバンスコースまでのそれぞれの基本的内容について以下のように示されている。

まずベーシックコースでは、エンカウンター、ゲシュタルト療法のエンプティーチェア、抱擁のセッションと続く3つのセッションが中心となり、次のアドバンスコースでは、自己実現目標の設定、演劇を通じた自己の象徴化および自己開示が中心となる。（「『自己啓発セミナー』の臨床社会学」『臨床社会学のすすめ』七十四－七十五頁）

ここでいわれているエンカウンターやエンプティーチェアは心理療法の専門用語である。それらについて樫村氏の説明を参考に述べておこう。エンカウンターとはグループで心理療法を行う手法の一つである。この「出会い」というべきエンカウンターとは、さまざまに悩みを持ちながらも、打ち明ける相手もいない状況にある人が、その悩みをグループで語り合える場の設定といえる。そこで客観的に「自己」を見つめ直し、さらにそこからある種の「変容」が生じる。

エンカウンターでは、十人前後のグループで集まる。そして、個々にそれぞれの印象を遠慮なくまずお互いに言い合ったりする。例えば、「貴方は偉そうに見える」とか、遠慮のない評価が面前でなされる。つまり、他者から自分に対する批評が直接になされる。

そして、さらにしばらくすると、自分の失恋の経験なども打ち明けるような話し合いの場となるという。そのような過程を経て、そのグループでは他者への警戒心などが少しずつ解けて、親密な「擬似的共同体」が形成される。樫村氏は、「エンカウンターでは、人に愛されたい欲望が強い人ほど、人に対して構えをもち、自己誇示が強いことを、他者からのフィードバックで認識し、自分の抑圧と人との関係が相関することを自覚する」(『ラカン派社会学入門』十二頁)と、述べられている。そこではやはりある種の自己変容が徐々に生じるのである。

しかし、この変容は作られた「共感的空間」での「自己変容」であることに違いない。さらにいえば「実験室」で行われている「自己変容」といえる。

このエンカウンターというのは、樫村氏も述べているように、同じグループで長時間にわたり、何度も出会い話し合うなどして、お互いゆっくりとした変容を支援してゆく技法である。ただ、心理療法における短期型のエンカウンターにおいては、出会いがあったとしても、人はなかなか変わらないことも認識せざるをえないであろう。また、そこで出会った人とも短期型ではすぐに別れることになる。しかし確かに、そこでの他者との絆は残るであろう。したがって、樫村氏も指摘するように、連帯感や自己変容を生むためには、やはり「日常」と、「エンカウンター」という「非日常的」な「実験空間」とのゆっくりとした「往復」が必要であろう（「「自己啓発セミナー」の臨床社会学」『臨床社会学のすすめ』七十六－七十七頁）。しかし、自己啓発セミナーで注目すべきは、即席的な「往復」である。それらの問題をさらに分析しよう。

「自己啓発セミナー」における「他者」は？

まず問題は、この自己啓発セミナーが、心理療法と同じような手法を都合の良い部分だけを使っている点である。このことについて、樫村氏は自己啓発セミナーが心理療法の本来の基本的な枠組みを持たないと分析されている。

例えば、自己啓発セミナーでは、人格変容を短期的に急激にやりとげるので、そこでの実験空間は、「日常空間を凌駕しなければならないものとなる」（「『自己啓発セミナー』の臨床社会学」七十七頁）と、樫村氏は言う。したがって、その自己啓発セミナーの緊張が切れると逆に思い出したくない「外傷」となる可能性が生じるといえよう。

自己啓発セミナーは確かに自分を解放した空間でもある。しかし、一方では強迫的で即席的な経験でもあり、なんともいえない葛藤を抱えるようになるのである。

やはり自己変容は、無理のない環境（つまりは他者との関係）と共に進んでゆくのであろう。その意味から強迫的な人格変容は問題が大きい。先に述べたエンカウンター段階で自己変容ができない場合もある。そこには幼児期などの問題が無意識のうちに存在するケースなどは、語り合うことだけでは簡単には自己変容できない。つまり、小さいときの問題ある父親への恐怖などに見る家庭的な問題は、まさにプライベートな問題であり、なかなか他人に進んで話せることでない場合が多い。そこには、エンカウンター手法の限界がある。したがって次の段階が自己啓発セミナーには用意されている。

それはエンプティーチェアの段階である。それはある種のイメージ療法である。まず誰も座っていない「椅子」がある。その椅子に座り「相手」がいることを想定して、椅子の他にはなにも「無い」（エンプティ）空間のなかで「演技」する。これは、一九六〇年末にアメリカで生まれた心理療法における交流分析の技法といわれている。そこでは、幼少のころの自分を想定し、話し相手は父など、自分にとって重要な他者を想像して対話する。

なおこれらの手法において注目しなければならないのが「転移」である。これはフロイトの精神分析により生み出された概念であるとされている。精神分析による療法を行なう際に、患者と精神医との関係に生じる現象として知られている。その分析者としての精神医へ患者が、愛憎を感じる。思想家でもあり精神分析研究でも知られているラカンは、この「転移」については、他者（例えば患者に対応する精神医）を理想的な人と想定し、そこから自己変容するプロセスとみる。つまり自己変容は転移が向かう他者の存在とともになされる。「転移」の対象は幼少の頃は両親であったりする。それはまさに成長の過程に必要なことである。つまり、子どもは両親への甘えや評価などとともに生育する。したがってまた、大人になってもその「転移」は重要なプロセスである。しかし、樫村氏は自己啓発セミナーにあってはそのような他者ではなく、最後は全てのことが可能である「理想の自己」への「転移」を目指すという。そこに大きな危険性と問題が潜む。「転移」と自己啓発セミナーの関係を樫村氏は次のように述べられている。

セミナーは表向きは理想の自己を転移対象として掲げるが、背後で実際働いているのは成員共同体という転移対象である。それゆえ言い換えれば、セミナーのやっていることは、成員共同体という支えによって可能になっていることを、自己単独によって達成された行為として錯覚させてゆくことであるといってもよいであろう。

セミナーがこのように従来の転移構造を持たない理由は、セミナーが資本主義の商品としてコストのかからない戦略をとるために、宗教の教祖のようなカリスマ性をもった人材や心理療法の本格的な技術を習得した人材を節約しているという現実的な事情にあると考えることはできるだろう。

（『ラカン派社会学入門』八－九頁）

以上のような樫村氏の指摘を踏まえて、さらにこの「転移」と「エンプティー・チェア」の関係を考えてみたい。自己啓発セミナーの参加者はエンカウンター的技法で個人的抑圧をまずは逃れるのである。そして次のエンプティー・チェアー（空の椅子）で、例えば「父親」と想像的対話をすることにより、父親への愛憎という相反した「価値」が同時に存在することに気づく。つまり、アンビバレント（対極的な価値が併存する）状態を経験する。そこから、その父という「他者」が、父として子どもにも認めてもらいたいという、同じ欲望をお互いに持っていることに気づく。そこに、他者としての父の「失墜」が生じる。そのことに気づくことは、当人にとって深刻なことである。自分の存在を証明してくれる重要な人が「失墜」するからである。

このことからも、「自分探し」は、樫村氏もいうように、認めてくれる「他者探し」ともいえるし、自分がその他者のなかでどのような「意味」や「価値」を持つか、であるともいえよう。したがって、「自分探し」は第三章でも見たように自分を取り巻く「他者」の問題でもある。

他者性のない問題ある「やる気」

「エンプティー・チェア」においては、父親との関係で見られるように、「他者」への敵意と愛情というアンビバレントな状況を認識することは、他者への恐れを克服するためには必要な過程だと樫村氏は言う。演劇的とはいえ、父との想像的な対話などを通して、依存したい他者（父）も自分と同じように弱さを持っていることを知る。依存しようとしていた「他者」が露わになる。この他者依存の幻想性を知ることは、大人へ向けての経験の対象化プロセスであり、心理療法では重要で必要な過程であるといわれている。それは自分の幻想性にも気づくことになるからである。

しかし、自己啓発セミナーは、この過程を変形させている。その点について樫村氏は、自己啓発セミナーにあっては重要な「他者の失墜」を一方では認めているが、あらゆるものを自分で切り開くことができるという「全能感」だけは残すという。ある種の「他者性」の排除である。そして樫村氏は次のようにその問題点を指摘されている。

具体的には、「他者の失墜」は、「もう他者を恐れなくていい自分」を作ることにつなげられる。それは、次のアドバンスコースで設定される、自分の目標について、これを達成するための心の障害となっていた、他者への恐れを克服することへと結合してゆく。自分はなんでもできる存在なのにそれを阻んでいるのは、心のなかの他者への恐怖であるとし、現実の物理的条件をすべて捨象して心の問題に「回収」してしまうことで、他者に対する恐怖の克服は、自分の全能を可能にするものとなる。

（『自己啓発セミナー』の臨床社会学」八十一‐八十二頁）

ここでの「他者の失墜」、「他者性の排除」は、この後「もしドラ」を詳しく分析する要点であるので、樫村氏のこの点に関する論述をさらに示しておきたい。

セミナーが「他者性」を食いつぶしたことが、他者性を文化的制度として保った宗教と比べ、不安定な構造を生み出すこととなった。それは心理療法のように徹底した認識にまで進まず、心理療法を生かじりしたせいであるとも言える。他者の機能は、成長や移行を担保する時間などを保証していたが、セミナーでは、自己の理想的対象は、すでに、他者ではなく、障害物によっていまだ全的に実現されていない自己であると設定される。

（『ラカン派社会学入門』三十三頁）

「もしドラ」の程久保高校の野球部員にとってその「甲子園出場」というのは、まさに大目標である。さらには「もしドラ」では、その「甲子園」は、すべての欲望が叶う、いわゆる「全能感」の代名詞というべきものであり、そしてそこには最高の感動が待っているのである。

さらに自己啓発セミナーでは、エンプティーチェア・セッションのあとには最後の感動的な「抱擁」セッションがある。ここでは参加者全員が大きな二重の輪をつくり、外側の人は輪の中心を向き、内側の人は輪の外側を向き、内側の人と外側の人がそれぞれ対面する状況をつくるという。そこでは、対面する相手に指をさしだし、その指が人差し指であれば相手を無視したいサインとなり、視線をあわせるだけなら指を二本だし、握手をしたいのであれば指を三本、さらに抱擁をしたければ指を四本だす。それは対面する二人が一致するまでその指のサインは繰り返される。そして「感動的な」音楽が流されるなかで、それぞれの人が一歩だけ左へ進む。そのことによって中学校でのフォークダンスのように次々にペアになる。そうしている間に、講座を取り仕切るトレーナーは、全員が誰彼となく抱擁するような雰囲気をナレーションで盛り上げる。

もしそこで抱擁ができない場合は、そのトレーナーのナレーションで「あなた」がまだ素直になっていないことなどという。そして、最後に感動的な「卒業式」として、セミナーに自分を勧誘した紹介者が「サプライズ・パーティ」風に花束をもって現れ、「感動」は最高潮に達する。

「自己啓発セミナー」は「啓発」を「商品」として企業が販売していることには間違いない。その「証し」の一つが次なる顧客獲得をシステム化している点である。セミナーを終了した人が自己の目標を達成するための最終段階として、「リアライゼーション」というものがある。それは新たな参加者を勧誘するという現実的な行動をそのセミナー会社から求められるのである。これは、セミナーで実行できたことが、「現実的」かつ「日常的」に出来ないことはない、と思わせる戦略といえる。

これらの自己啓発セミナーの「謳い文句」としては、やはり「目標に向かってより自分の能力を開発して高める」ということになろう。それはそれで良いのであるが、樫村氏らの言うような問題点を考えると大きな危険性を孕んでいることが理解できよう。さらにこの問題を詳しく分析してみたい。

自己啓発セミナーにおける最も問題と言うべきものは先に見たような「他者性」の独特な排除であろう。そしてそれは受講者だけの内部で繰り広げられる特徴ある「共同体」の形成に大きく関連している。つまり、自己啓発セミナーが「現実的な社会」と遮断している問題でもあろう。この問題は、「もしドラ」のストーリーにも見てとれる。あとでその点における「もしドラ」の危険性をより具体的に考えたい。

自己啓発セミナーは、樫村氏が指摘するように、心理療法的手法などを中途半端に使い、他者を排除し、理想的な対象へ向かう過程での「障害」を自分そのものに設定する。俗的にいえば「なせば成る」、というような精神論ともいえる。さらに自己啓発セミナーはある種の「宗教」的雰囲気を持つのである。しかし自己啓発セミナーは宗教ではない。端的にいえば、旧約聖書にある「十の戒律」など、キリスト教には「十戒」というような教えがあり、欲望に対しての「戒め」がある。一般的に「戒め」には文化があり他者が存在する。その意味から言えば、宗教も文化であろう。しかし、自己啓発セミナーは自分の欲望のためだけに突き進み、「戒め」を持たないといえる。キリスト教や仏教などの宗教とは違うのである。

やはり、自己啓発セミナーは「欲望」へ向けて、自分をより可能性を持つものとして理想化し「他者性」を排除してゆく点が問題である。樫村氏は今日の時代性も考慮しながら次のように述べられる。

実際に理想的な他者が存在しない時代、自己が理想としてほれこむ相手は、自分が理想的だと思う自己へと帰着することとなるといえるかもしれない。しかし、資本主義のナルシシズムは、それでも、自分がなり得る他者（アイドル）や、フィクション（広告イメージ）などによって、その像は距離化され他者化されているだろう。資本主義は、この距離をもたなければ商品を成立させえないからである。また理想的な自己への願望とは、実際には、それを見てくれる他者の視線に支えられるものである。がセミナーでは、自己の転移先としての他者を意識の上では断ち切ることで、この原初的な他者依存性を意識の上で排除してしまう。

（『ラカン派社会学入門』三十三－三十四頁）

この「他者の排除」は、今日では孤立的な「自分探し」や「個性重視」の風潮と大きく関連していると思える。

自己啓発セミナーの「他者性の排除」は、発展的に考えればこれまでみたマーケティングにおける製品差別化戦略と底流でつながっているといえよう。先のブランド戦略などにおける「自分だけのヴィトン」などがその典型的な例であろう。

「自分探し」や「個性」は、まさに「他者性」と共に生まれるものであるが、それが転倒的に「自分」だけに集中的に向かい「他者」を結果的に排除する。その「排除」や「隠蔽」をもとに、自己啓発セミナーは「やる気」や「全能感」というある種の人間主義的な「観念」を商品化したものであり、それは資本主義経済体制では限りなく切り開くことのできる「商品」といえる。他者性の隠蔽された「自分らしさ」は限界がない。それはいわば「無限の市場」であり、そこに資本主義経済のマーケティングが目をつけないわけがない。だから「自分探し」、「自分にご褒美」、「自分だけの感動」というような宣伝文句と共に「個性的」商品が氾濫するのである。

「退行」を利用する自己啓発セミナー

さらに樫村氏は「自己啓発セミナー」の問題点を指摘するうえで見逃せない概念として、先に少し触れた「退行」というものを取りあげる。これも「もしドラ」のストーリーに安易に感動する人々を考える上で重要な視点である。

自己啓発セミナーのベーシック・コースではよく遊戯的なゲームをグループで行うという。それはまさに子どもの頃にかえる「退行」的な時間と空間へ誘い込む具体的な手法ともいえる。先のエンプティー・チェア手法により父親の「弱さ」などを知り、父親の「恐れ」を解体することは、幼児期への「退行」状況によってなされているといえる。しかし、自己啓発セミナーはその演劇的な空間での幼児期への「退行」で得た解体を、障害を越え、「何でもできる可能性を切り開く」ものとして現実の世界に広げてゆく。幼児の頃に泣き出して、母親に自分の欲望を示し、そこでその欲望が全能的に叶った経験をわれわれは多く持つ。その快感原則を呼び起こす「退行」が「もしドラ」にも見える。

やはり、「退行」させ全能感をかき立てるのは問題のある手法であろう。自己啓発セミナーは「退行」が効果的に利用されている。そのことは「もしドラ」にも見てとれる。「もしドラ」を読んでかき立てられる退行的な「やる気」と「自己啓発セミナー」の「やる気」とは同じ要素を持っていると私は思う。

以上のような自己啓発セミナーの持つ問題点を「もしドラ」の中にみてみよう。それらは、ⅰ「精神的傷」、ⅱ「他者性の無さ（非社会性）」、ⅲ「退行」、ⅳ「全能感」、という四つの視点からの分析できると考える。その四つは、まさに自己啓発セミナーの持つ危険性でもある。そして、その四つが「もしドラ」の作者の意図であるかどうか分からないが、結果として巧妙に潜んでいる。では「もしドラ」をそれらの四つの視点から分析していこう。

「精神的傷」を持つ「もしドラ」の登場人物たち

「精神分析医」の登場

「もしドラ」の登場人物たちは過去に苦い経験というべき精神的な傷や問題を抱えている。それは少しずつ読者の前に明らかにされる。まず、注目したいのは、みなみの友人で体調を悪くして入院している宮田夕紀と、各野球部員との間で行われた「お見舞い面談」である。この面談で、マネージャーに成り立ての川島みなみが、各野球部員の「悩み」や「思い」を知るのである。

その「お見舞い面談」の最後がエースの慶一郎である。彼がこの面談で一番厄介であるとの、みなみの考えから最後にしたのであろう。つまり、彼が野球部の不協和音の根源とされていたからである。

彼は、病室に来てまず夏の地区予選大会で、遊撃手・桜井祐之助のエラーをきっかけに監督から投手交代を命じられたことについて語った。そして、実はその桜井祐之助に対して慶一郎は、彼のエラーを「責める気持ち」になってはいなかったという。慶一郎は監督がそのことを分かっていないと「お見舞い面談」で吐露する。むしろ、そのエラーをカバーしようとして肩に力が入り、次の打者に四球を出したのだと、慶一郎はいう。そして、その問題の「投手交代」から監督に対して不信感を持ち、そのわだかまりが続いていることを慶一郎は夕紀に告白する。

そのような彼との「面談」から夕紀は彼がまだわがままで無邪気な「子ども」であることを分析する。それはある種の「精神分析医」の役目を夕紀が行っているといえる。つまり、「病室」での面談はまさに「心理療法」的雰囲気をつくる格好の舞台設定といえる。

みなみは、各部員との「お見舞い面談」により野球部員の表面しか見ていないことを反省し、その「面談」で「顧客である部員たちの現実、欲求、価値を引き出してきた」（『もしドラ』一一九頁）のである。

先の自己啓発セミナーでは独特の雰囲気の中で、自分の悩みや精神的「傷」などを「エンカウンター」で告白的に語ることを述べた。それと同様に『もしドラ』では「お見舞い面談」で多くの部員たちが「精神的傷」を告白する。まさにそれは自己啓発セミナーにおけるエンカウンターと類似するといえよう。さらに言えば、その「お見舞い面談」に来る個々の野球部員へ読者は「感情移入」し、読者も「エンカウンター」に参加しているといえよう。そこで自己啓発セミナーにおける「エンカウンター」や「エンプティー・チェア」に相当すると思われる部分を「もしドラ」の展開の中で詳しく具体的にさらに分析してみよう。

まずは、各登場人物の「障害」となっている「精神的な傷」が少しずつ明らかになることから見ていこう。それは読者への「共感」にも繋がる。それぞれの登場人物の「精神的な傷」を確認してみよう。

監督・加地誠

東大に一浪で入学し東大野球部に属し、東大卒業後、母校である程久保高校の教員になる。そして程久保高校に赴任して野球部のコーチになる。しかし、加地が尊敬する野球部の監督が、練習中に部員を殴る暴行事件をおこし、その監督が辞めることになり、思いもよらず自らが監督になる。加地はその尊敬する監督を、自分が追い出したような気持ちになっている。しかもその暴行事件は、親から訴えられた事件であり、それが加地の「傷」になり、監督として、指導や野球部員とのコミュニケーションに問題と悩みを抱えている。

主将・星出純

野球の才能があり、高校野球の強豪である名門私立高校から中学生の頃からスカウトをされるぐらいの実力の際立った選手。しかし、彼は、誘われた私立高校を全部断り、都立の程久保高校に入学する。当時において野球を続けることでプロ野球選手になれる「リアリティ」が彼らにあっては感じられたかったという。つまり、自分がプロ野球選手になれる器とは思わなかったという。しかし、後になって、もし高校に進んで野球を続けていたらどれくらいの選手になっていたのか、それを見極めたくなる。そこで程久保高校の野球部に入る。直ぐにレギュラーを勝ち取り、高校二年生のとき主将になる。

しかし、その「主将」という役目は、懸命に野球へ取り組む星出自身には「障害」であり、自分の実力を試すためにはそれが「悩み」の種になっている。その悩みはやはり中学生の時からの「リアリティ」の問題に根ざしているといえる。甲子園出場を決める決勝戦の九回裏3対4で負けている場面で星出が打席に立つ。その対戦相手の投手が、中学時代のチームメイトであるというストーリー設定によって、彼の長らく持っていた「悩み」や「傷」が読者により鮮明に浮かび上がる。

桜井祐之助内野手

彼はショートを守る内野手で、野球一家の三男坊として育つ。幼い頃から当たり前のこととして野球に取り組んできたのである。ただ、彼はエース慶一郎と監督との確執のきっかけとなった「エラー」をした選手である。その時から野球部の雰囲気がかわる。そこでのある種の挫折をし、「自分は何で野球をしているのだろう?」と考えるようになり、さらには「野球をすることを面白いと思ったことが一度もない」と「思い」悩んでいる。

しかし、だからといって野球部を辞める覚悟もない。なぜなら、野球一家の子どもとして野球は捨てられないのである。彼も深い「悩み」と「傷」を抱いている。

朽木文明外野手

朽木は、レギュラーで野球部一番の俊足の持ち主である。走力は程久保高校の陸上部員よりも勝るものであり、盗塁などで野球部に貢献している。しかし、打撃や守備はそれほど上手くはない。盗塁はできても打撃成績がレギュラー選手の中で最下位である。したがって、塁に出ることが少ない。だから「お見舞い面談」で、自分に代わってレギュラーにふさわしい部員が他にいるのではないか、と悩みを打ち明ける。

川島みなみ

主人公であるみなみにも、幼い頃からの悩みがある。それは劇的に明らかになる。みなみが野球少女であったことは、ストーリーの中盤までは明かされていない。野球少女になったのは「父」の影響からで、物心つく頃からバットとボールに慣れ親しんで育ったことが、ストリーの中盤を過ぎたあたりで、徐々に明らかになる。みなみは三姉妹の末っ子である。父は、息子が生まれたらプロ野球選手にしたい夢を持っていたのである。したがって、女の子であるみなみが生まれた時に父はその夢をあきらめかけた。しかしながら、そのみなみに父は野球を教えたのである。

同じ野球部のメンバーであるキャッチャー・柏木次郎とは同じ地域の少年野球チームに所属したいわゆる幼なじみである。そのみなみは、発育が良く、次郎よりも少年野球では上手だったのである。したがって、そのころはみなみ自身本気でプロ野球選手を目指していた。そしてその当時、父親に「私はプロ野球選手になれる?」と、よく質問していたという。それに対して、父親は「なれるさ」と答えていたという。

しかし、小学五年生をピークに伸び悩む。男の子が勝ってくる。ついに、小学六年生の時にレギュラーを外される。そのころ母親に「プロ野球選手になれないの?」とみなみは聞いたという。そして、その夢がはじめから叶わないことだったことを知る。

みなみは、「私だけ知らなかったんだ」と絶望的になった経験を持っている。この時の反動で、みなみは野球が嫌いになっていた。というより、野球によって人生をめちゃめちゃにされた「傷」を持っている。そんな失意のどん底にあるとき励ましてくれたのが「病室の夕紀」だったのである。

したがって、野球に対しては、みなみは人一倍の愛憎がある。それは野球に対してだけではない。みなみは、「両親との関係は、この時のことがもとでぎこちなくなってしまった」

含み深い。

（「もしドラ」一六五頁）のである。みなみの幼い頃からの精神的「傷」は女性という問題も

以上の登場人物の他の者にもさまざまな「悩み」や「精神的な傷」や「屈折」を持っているのである。例えば、野球部の補欠である二階正義は、みなみのよき理解者で、ドラッカーの本などを読み将来は起業家になりたいと思っている。彼の野球部に入った理由は、企業経営者の多くが体育会系であると思い、野球部に入ることは就職に有利だと思っているからである。しかし、野球は上手でない。つまりある意味では野球部に入る動機は「不純」である。

さらには、マネージャーの一人北条文乃は、東大合格間違いなしの優等生であるが、中学生の頃「優等生」であることで「いじめ」を受け、それから「優等生」と見られることを極端に嫌うようになる。それもやはり「精神的な傷」を持っているといえよう。

以上のように主要な道場人物はそれぞれに精神的な「傷」や「屈折」した気持ちを持っている。主人公の川島みなみの野球を介した父親との関係、野球一家に育った桜井祐之助、野球の才能がありながらそれゆえ中学の時から悩みを持つ星出純、以上の三人はまさに幼少の頃からの深い「傷」があるといえよう。

野球部が「一つになる」場面の意味

野球部のメンバーが監督も含めそれぞれの「悩み」や「傷」を持ち、そこでの人間関係を織り糸にストーリーが展開されるが、そんな中で重要な「分かり合える」仲間となる注目の場面がある。

みなみはマネージャーになって初めての公式戦を夏休みが明けた秋季東京都大会で経験する。その一回戦で、問題の遊撃手・桜井がまたエラーをする。そして、またエース・慶一郎は四球を連発し、結局その試合は7点差のコールドで負ける。

その四球を出し続ける慶一郎をみながら、監督とみなみは、慶一郎のことを試合中に話す。監督は、自分が投手の経験もなく、自分自身は野手で補欠が多かったので、知り合いの大学時代のエースに電話で投手の気持ちを聞いていたのである。そしてその大学時代のエースから重要な印象に残ることを聞き出していた。それは、「フォアボールを出したくて出すピッチャーは、この世に一人もいない」という大学時代のエースからの言葉である。

この監督の言葉にみなみは注目をした。つまり、ある種の見過ごせない「誤解」が野球部内にあることに気づく。慶一郎がコールド負けした試合中に、またふて腐れて四球を出し続けていると思っている野球部員と、慶一郎の投手としての気持ちとの間にあるギャップについて、みなみは気になるのである。

そこで、みなみは、監督に試合後のミーティングで、ぜひ、監督自ら、慶一郎の投手の気持ちを代弁して言ってもらいたいと頼む。そうすることで、慶一郎の本当の気持ちが他の部員に伝わると思ったからであろう。しかし、監督からはその重要な言葉をミーティングの時に言うのは得策ではないと告げられる。監督は少し時間がたって、それとなく伝えたいとみなみに言う。

しかし、みなみはその負けた試合での帰りのバスで、同じマネージャーの文乃とともにミーティングの時にむけて一計を案じる。つまり、「フォアボールを出したくて出す投手なんていない」という言葉をそのミーティングの時、文乃に言ってもらうような設定をみなみは目論んだ。しかしである。実際のミーティングでは思わぬ展開になる。

その試合後のミーティングはキャプテンの総括から始まる。いつもミーティングは空いている教室で行われる。コールド負けした試合の総括だからその教室はしらけた雰囲気になっていた。

まず主将・星出純が総括し、後を受けて監督が「……みんな、今日はよくやったと思う。また、今日の反省点もいくつか見えてきたはずだ。だから、それを踏まえて、今度は来年の夏を目指して、また新たな気持ちで頑張ろう」と当たり障りのない「まとめ」をする。そして司会役の主将が「……では、他に意見のある人」と見回す。みなみと文乃は教室の一番後ろにいて、このタイミングで例の目論見を実行しようとする。

そのとき、キャッチャーの柏木が発言を求める。そして、怒りとともに声を震わせて言う。

「おれは……おれはもう、浅野の球を受けるのがいやです」と。

それは、浅野慶一郎が味方のエラーにふて腐れていると思っての柏木の発言であろう。キャッチャーだからそれはなお他の部員に影響を及ぼす発言だといえる。さらに柏木は慶一郎が野球を冒瀆しているとまで言う。

そこで、みなみたちの作戦は急遽変更される。柏木の慶一郎への厳しい批判のあとの重苦しい雰囲気のなかで、みなみが発言しようと手を挙げた時、「そういうピッチャーはいないんだ！」と、突然に大きな声が教室中に響いた。しかもそれが監督の声であった。つまり、例の「フォアボールをわざと出すピッチャーはいない」という発言をついに監督がしたのである。そこで教室の雰囲気が変わる。皆は息を殺し成り行きを見守る。そのとき嗚咽が聞こえてくる。そしてそれがすすり泣きになる。なんとそれは、エース浅野慶一郎が肩を振るわせて泣いている声だったのである（『もしドラ』一一七頁）。

ある種のトラブルメーカーだった慶一郎が変容し、程久保高校野球部という「共同体」の絆がより一層強くなる劇的な瞬間である。いや監督の加地が変容した瞬間でもある。つまり、『もしドラ』のストーリー展開の中で重要な場面である。

この劇的な場面は一つの頂点であろう。さまざまな「傷」を持つ登場人物たちの「エンカウンター」の場面といえる。ここにおいて、登場人物たちが深い encounter（出会う・立ち向かう）を経験し、深い絆で結ばれる設定が考えられているといえる。まさに、慶一郎が泣き出したのを契機にした「エンカウンター」だったといえよう。

「もしドラ」の読者はこれらの場面に読書で「参加」し、自分の問題と重ね合わせ自らもある種の「エンカウンター」を本の上で経験するのではないかと思う。

川島みなみと両親との関係

次の段階というべき「エンプティー・チェア」はどうであろうか。それは、「お見舞い面談」により各登場人物が「傷」を明らかにする過程こそ、「エンプティー・チェア」と同質なものを感じる。やはり、この「もしドラ」での「エンプティー・チェア」をより具体的に探るとすれば、まさに主人公川島みなみと父親の関係が象徴的なものであろう。

野球少女だったみなみが野球を続けることができなくなる時期の、父親に対する思いはまさに「アンビバレント」な状態だったといえる。そして、そのことを読者が「知る」ことは、読者自身にも「父親」との関係を想起させる可能性がある。やはり、「父親」や「母親」は重要な「他者」であるから、このみなみと父親の関係の描き方は「もしドラ」のストーリーの「重し」になっているといえる。つまり、この「エンプティー・チェア」を読者は自らの「体験」も含め、父親や母親に対するさまざまな「思い」を「みなみ」を通して無意識的に「追体験」することにもなろう。

「他者」のいない「もしドラ」の問題性

「もしドラ」での非営利性と「他者性の無さ」

以上のように、「もしドラ」のストーリーに「エンカウンター」と「エンプティー・チェア」を見ることができるのではないかと思う。その二つの心理療法的な手法が「もしドラ」に応用されているとしても、それは、問題はないと思う。それはストーリー構成において効果的に応用されているともいえる。しかし問題はそこから先にある。

それは野球部という非営利組織の問題と、さらに自己啓発セミナーで見た「他者性の無さ」と「退行」がこの「もしドラ」に問題として潜在していると思えるからである。つまり「他者性の無さ」と「退行」が読む者を問題ある「世界」に誘い込むのである。

まず注目すべきは「もしドラ」が非営利的な組織でのマネジメントの話であることは見逃せない要素だと思う。マネジメントにおける「営利」と「非営利」の違いを認識するのは決定的に重要であろう。マネジメントはやはり一般的には営利的な企業経営において議論される。しかし、「もしドラ」は「高校野球部」という非営利組織が舞台である。しかし、読者は営利組織と非営利組織を意識的に区別し、あくまでもこの「もしドラ」は非営利組織のマネジメントだとして、読んでいるのだろうか。

端的にいえば、「お金」や「儲け」を最終的に目指さない非営利的組織と、そうでない「お金」の獲得を目指す組織のマネジメントは大きく違うのである。この非営利的組織での「もしドラ」でのマネジメントの「成功」が営利的なマネジメントにそのまま通じるとすれば、それはある種の「錯覚」であろう。

例えば、大学生をアルバイトとして多く使う営利的な飲食店などのサービス業でこの「もしドラ」をモデルに、何も知らない若者を、マネジメントする企業も出現する可能性がある。つまり、この「もしドラ」のような「感動」を目指して「皆でやってみよう」、などといいながらアルバイトの学生を使う経営者や現場のマネージャーがいるかもしれない。「賃金」で雇用され、経営においては「コスト」となっているという現実を「もしドラ」のような「感動」が覆い隠すかもしれない。

「もしドラ」での非営利性と問題の「他者性の無さ」は強く関連するのであるが、その「他者性」を「非営利性の問題を踏まえて」考えてみよう。先に自己啓発セミナーの問題を見たときに、実験的な「空間」でセミナーが行われていることを考えた。そこでは参加者は他者を排除し、「自分」の可能性に向けて突き進んでいった。一方の「もしドラ」は「野球部」という非営利的空間でのストーリーである。したがって、現代の「営利」、「打算」を巡る他者（人間関係）という重要な「外部」というべきものが見えない。

しかし、「もしドラ」に好意的な読者から「もしドラ」は社会的な広がりのなかで高校野球が展開されているとの反論が想定できる。それは、「もしドラ」には次のような箇所があるからである。

みなみが、高校野球部の「顧客」を考えるとき、よき相談相手の二階正義と話し考える場面がある。

「……確かに、野球部は球場に見に来るお客さんからお金をもらっているわけじゃないけど、それでも、タダでやっているわけじゃないだろう？ ちゃんと、野球をやるためにお金を出してくれたり、お金は出さないまでも、協力してくれている人たちがいるじゃないか」（「もしドラ」五十三－五十四頁）と正義は言う。

そこから、みなみたちは、野球部の顧客を親、先生、学校、さらには東京都民へと広げて考える。そして彼らにとっては最終的に「高校野球に携わるほとんど全ての人を、顧客ということ」にする。確かに、「もしドラ」では、高校野球を社会的に広げて捉えている。しかし、みなみたちの広げ方に問題を抱かざるを得ない。結論的に言えば、その「無限の拡張」が組織における営利性と非営利性の見境がつかなくなる問題と繋がる。やはり高校野球が「相対的」に捉えられなくなる。つまり、みなみたちの考えでは、地球に住む全部の人が「顧客」になるともいえる。したがって、「もしドラ」の「高校野球」に「他者」としての「外部」がないのである。

高校野球を相対的に捉えるとすれば、「甲子園」を目指す高校野球部の母体というべき高校は、現実には「マーケティング」を行っている側面がある。例えば、大学の名前のついた付属高校が甲子園に出場し、そこでの「名声」を得るための「マーケティング」の一環であったり、宗教団体を母体する高校の「マーケティング」であったりしている。また、その高校野球部を強くするために、全国から有力な選手を集め、それらの選手を入試などで「優遇」したり、特別の「奨学金」を与えたりしてきたのである。大学におけるスポーツ選手のスカウトにおいても「特別待遇」で入学を許可している大学は多い。

そもそも高校野球における「甲子園」は新聞社の「マーケティング」の要素があることも見逃してはならないのである。高校野球に関連する営利的なビジネスは数々ある。野球などを専門的に取り扱う雑誌社は、甲子園出場が決まったそれぞれの高校を重点的に特集し、その高校の関係者や地元の人にその雑誌を売りつける。それらの動きはまさに、高校野球の「純粋さ」を「ビジネス」に変えている。

例えば、日本テレビで放送される「箱根駅伝」は、開催される一月の二日、三日という時期が、受験する大学を受験生が決める最終的時期であることも、私立大学は重視している。だから関東の私立大学は力を入れて「箱根駅伝」に取り組む要素がある。

やはり「もしドラ」は企業マネジメントにおける「営利的」要素を「高校野球の純粋さ」のもつ「非営利性」によって結果的に隠しているといえよう。

現実的には、「企業マネジメント」は「営利」と切っても切れない関係にある。そこでは、非営利と営利はそれぞれがお互いに「外部」や「他者」になる。その「外部」や「他者」を考えることが高校野球部を「相対的」に考えることにつながる。非営利も営利も考えずに高校野球を捉えることは、形容矛盾であるが「外部のない閉鎖的空間」といえる。さらにいえば、無限に広がる人間主義的なマネジメントや無限に広げる高校野球の「顧客」の世界には、いつまでも「外部」は見えない。「無限の大地」は外部が結局は無いのであり、それゆえ外部のない「閉鎖性」を持つと言える。それは、自己啓発セミナーのもつ問題の一つであった自分が自分に転移する外部（他者性）の無い「閉鎖性」と同じといえよう。ではなぜ「外部」が重要なのか考えてみたい。

格闘技世界のマーケティングに見る「外部」と「内部」

この「外部」がない「もしドラ」の問題を卑近な例で考えてみよう。格闘技という世界がある。大晦日のＮＨＫの紅白歌合戦に対抗する格闘技の番組を民放テレビ局が大々的に行っている。また、格闘技の世界も様々な動きや話題を提供し、マーケティングを行っている。

例えば、大相撲の元横綱や柔道のオリンピックの金メダリストなどが、「格闘技界入り」をすることがマスコミなどで伝えられる。このことから「外部」（他者）と「内部」の問題を考えてみよう。

「格闘技」でのさまざまな団体のテレビ放送をみると、その格闘技選手にそれぞれ「派手」

なコピーがついている。たとえば「超獣」「四〇〇戦無敗」「暴走王」などの過剰な「肩書き」「あだ名」がそれである。それらの「あだ名」などはまさに格闘技の世界で「価値」を高めるためのマーケティングといえる。

しかし、その格闘技世界は「積極的」に「外部」を活用するのである。つまり、大相撲の元横綱やオリンピックでの金メダリストの柔道選手などが、格闘技界の選手に転向するということは、その「大相撲の横綱」や「オリンピックの金メダル」という「外部」のパワーや「価値」を利用している。例えば、オリンピックの柔道で金メダルをとった選手が格闘技選手になればどんな試合をするだろうかと期待する格闘技ファンは多い。

オリンピックの「権威」や大相撲の「伝統」などの崇高な外部的な価値をうまく格闘技マーケティングに使っているといえる。まさに「外部」を利用しているのである。格闘技界は外部と内部の関係で言えば、「外部に開かれつつ内部に閉じつつ」その格闘技界マーケティングを行っていると言える。この「開かれつつ閉じつつ」がマーケティングには重要なのである（それらの問題については、栗木契『リフレクティブ・フロー』白桃書房、石井淳蔵・石原武政編著『マーケティング・ダイナミズム』白桃書房などが参考になる）。

経済学における「内部」と「外部」それと「価値」

その「開かれつつ閉じつつ」の問題は経済学研究における「価値論」という重要な分野に

関係する。経済的「価値」は、異なる共同体が「開かれつつ閉じつつ」しながら接するところに、生まれる。そのことを重視する経済学の理論がある。それは、東京大学経済学部教授だった宇野弘蔵氏の研究から広がった「宇野理論」と呼ばれる研究に見ることができる。

たとえば原始的な時代における異なる共同体が経済的に接するのは、まず「商品交換」が考えられる。そこから「価値」が生まれると宇野経済学では考える。「交換」でなく、原始的な共同体内部で「米」などの財をリーダーAから成員Bに授け渡される場合もある。そこではいわゆる経済的な「価値」という考えは生じないのである。それは、「商品交換」ではなく、その共同体のリーダー（例えば部族の長）などからの分配や贈与と位置づけられる。

注目すべきは、宇野氏がいうように、異なる共同体の間で行われる財の「交換」から「価値」概念が生まれることである。それは、交換の始まりと呼ばれる遠い昔の「沈黙交易」を考えればよく分かる。

言葉の通じない異なった原始的な共同体を想定してみよう。一方の共同体が島にあり、他の共同体が大陸にある。「大陸の共同体」が財を交換するために船でその「島の共同体」の海辺に来て、交換のために自分たちの「財」をだまって浜辺に置き、その浜辺を離れ、沖に船で待機する。そうするとその「島の共同体」の成員が、船でやってきた見知らぬ共同体が置いていった財を浜辺で見る。そして次に、今度は「島の共同体」は自分たちが生産した「財」を、「大陸の共同体」の財への「見返り」として黙って海辺に置いておく。そしてそれらの様子を見て「大陸の共同体」の成員は再び浜辺に近づき、「島の共同体」が「見返り」に置いた「財」に納得し「交換」が成立する。そのようにして「沈黙交易」が始まっただろうと言われている。

もちろんその交換が上手く成立しない場合もあったであろう。しかし、ここの「交換」は、まさに言葉を交わさない「沈黙交易」である。重要なのはそこの原始的な共同体は、それぞれ交換のために提供した「財」と見返りの「財」が見合っているかどうかを考える点である。そこに経済的な「価値」という概念がお互いに生まれるのである。相手の財がどれくらいの「労働力」を要した「財」なのかなど、お互いの共同体で基準となるような「共通」のものを考える。その共通な要素が「価値」と呼べるものであろう。そして、その「価値」により自分が生産したものと、相手の財の「価値」を比較する。したがって、交換の相手の共同体はまさに他者であり「外部」といえる。そして、その外部との接触で生まれた「価値」が今度は共同体内部へ「逆流的」に波及し影響を与える。

ここでの「価値」を「意味」と発展的に捉えても良いかもしれない。まさに「開かれつつ閉じつつ」価値が生まれ、その共同体の中に共有されていく。

「価値」や「意味」が外部と内部の関係から生まれてくることを考えるのは、精神分析においても経済学においても重要なものである。しかし、「もしドラ」にはその「外部」がないのである。だから「他者」が存在しないのである。さらにいえば、高校野球を内部と外部の関係から捉えていない。「高校野球」を外部から「揺さぶる」視点がない。

「高校野球」→「甲子園」というその内部的な「価値」を外部から揺さぶる方向がまさに「イノベーション」である。つまり、その「高校野球といえば甲子園」という「体制」そのものを「問い」ながら揺さぶる高校野球ストーリーであるなら面白い。そこでは「イノベーション」が読者の意識にも生じると言えよう。「もしドラ」ぐらいのストーリーでは、読者の意識はせいぜいちょっとした「体制内改良」というべき次元に留まったままであろう。

確かに、「もしドラ」には、「外部」をあえて見出すことも可能である。それは手垢のついた「甲子園出場」というステレオタイプ的な「世間的価値」という漠然としたものが「外部」であろう。しかし、「世間」というような「外部」ではなく、「もしドラ」は「世間」に変わる新たな「外部」を独自に創造していない。だから「外部」がないのである。もっと端的に視点を変えて言えば、「もしドラ」野球部が「人間的主義的マネジメント」で勝ち進み、「顧客」を無限に拡大するので、そこには「壁」がないのである。つまり、「もしドラ」には現実のマネジメントの重要な営利的な「壁」、つまりは商品を「売る」という「外部」が見えない。

いま、日本の経済はさまざまに「経済体制」そのものが問われているのである。したがって、あらたな「外部」と「内部」という意識を踏まえ、「揺さぶる」ような「志向性」のない経営者やビジネスマンは「イノベーション」にはほど遠い。やはり、身近な例でいえばI

T関連の「商品」に革新的なものが、日本になかなか生まれないことの要因はその辺にあるのかもしれない。そのことをあえて言えば、東日本大震災後においては、これまでの原子力発電に支えられた経済体制そのものを疑うような問題意識を抱くべき時代が「今」であろう。それが、量的な経済成長がなくても日本の経済が「質的」にうまくいくことを考える重要な糸口になると思う。

映画にみる「内部」と「外部」

この「外部」(他者)と「内部」の問題は、「もしドラ」の持つ問題を根底的に分析する上で重要なので、映画を例にさらに具体的に考えてみよう。

そのために、第八十二回アカデミー賞外国語映画賞を受賞した映画「瞳の奥の秘密」を例に挙げたい。ストーリーを詳しく書くのは避けるが、内容を少し紹介しよう。

若い銀行員の妻が幸福に暮らしていた。しかし、ある日、何者かに一人でいた時に自宅で暴行され殺される。警察はもちろん犯人を捜すために懸命に捜査する。しかしなかなか犯人は見つからない。その妻を殺された銀行員の夫は、仕事をしながらも自分一人で犯人を捜し出すために、犯人と関係すると思われる駅などで個人的に見張りを続け、犯人を追いかける。そこで、この映画の主人公と言うべき登場人物として、その事件に関係した刑事裁判所の男性所員がいる。その事件が未解決のまま彼は定年退職を迎える。彼は、若い銀行員の死んだ妻への長く変わらぬ想いに、心動かされる。そして、その初老の裁判所所員は、犯人を検挙できなかった悔しい思いを胸に、再びその「犯人」捜しに自ら動き出す。でもなかなか犯人は見つからない。

結局、その裁判所所員は事件後二十五年以上経って犯人を捜し出す。結末は衝撃的である。銀行員の夫が自分で犯人を捕まえ、秘かに自分の庭に「牢屋」を作って、その犯人を「飼い殺し」の状態で長く閉じこめていたのである。それを裁判所所員だった彼が発見する。つまり、その銀行員が妻を失った自分の「無為の人生」をその犯人にも「等価交換」的に「生かせたまま」で強いていたのである。

それは、観ているものに衝撃を与える。そこでこの映画での「外部」と「内部」を考えてみたい。一般的には、殺人事件は、犯人を警察が追う、そして犯人を見つけ逮捕し裁判をし、その犯人は判決を受ける。それらの一連の流れは今のわれわれが生活する「法的社会」では当たり前のことである。そのような法的な「社会」をこの映画は「内部」として捉えているといえる。そして、その「内部」で暮らしているわれわれを揺さぶる。つまり、妻を殺された銀行員が、犯人を自分で捕まえ、警察にも突き出さず、あえて殺さず「いたぶる」がごとく「私刑」を行っていたからである。

この「私刑」は、われわれが裁判などで法的に守られている日常の「内部」的な世界を考えさせる。その外部からの「揺さぶり」でわれわれは様々な思いをし、裁判制度などの「内部」的社会を考え直す機会となり、そこに新たな「意味」や「価値」を観ているものが抱くようになる。

以上のような外部と内部の関係については、マーケティングを研究する者でも先の宇野弘蔵氏の経済学理論などを参考にすべきだと思う。つまり、「内部」と「外部」の問題はマーケティングにおける「消費者ニーズ」などを考える上で最も理論的に重要なのである。

安易な「消費者ニーズ」論で留まってはいけないと思う。経済学などで研究され議論されてきた「価値」概念を踏まえることが、より「マーケティング」を考えることになろう。俗流的で「実戦的」マーケティング論は「価値論」がなくて、「消費者ニーズ」論が始点であり終点である。俗流的な実践的マーケティング論としての「もしドラ」には、「消費者ニーズ」論はあるが、他者性や「外部」を考えた「価値論」が無いのである。

世間的には「高校野球」は非営利の世界だと思われている。しかし、スポーツ界の最大のイベントというべきオリンピックをみても、マーケティングや「営利性」に「まみれ」ている。したがって、その高校野球を現実の営利の世界からさまざまに「外部」的な「想像力」を発揮して見るのが、大人の「マネジメント」であり、それこそが重要な視角であろう。そこにあらたな「意味」や「価値」が生まれると思う。

なぜ「もしドラ」は高校野球をモデルにするのか

人間主義的マネジメントにみるように「外部」が無いゆえの「純粋さ」に感動するのは、資本主義経済体制における重要な「営利性」を見落とす危険性がある。

そして、「もしドラ」の「純粋さ」と大きく関連するのが問題の「退行」である。

「もしドラ」の読者層

「もしドラ」読者の年齢層は「月刊ＢＯＳＳ」（二〇一〇年六月号）である程度分かる。その雑誌によると「もしドラ」読者は、これまでマネジメント論にあまり興味がなかった人々も含み、年代別では十、二十年代で三三％、三十代を含めると六割近い読者層だと、ダイアモンド社書籍編集局第一編集部副編集長の中嶋秀喜氏は分析している。社会人も多く読んでいるようである。その社会人の多くは何らかの「ビジネス」の世界で生活している人であろう。

つまり、考えたいのは社会人として経済的生活を日々送っている人が、「もしドラ」を読むことにより「高校生」に帰る感覚になることである。社会人が「高校生」に戻るのは、やはりある種の「退行」といえよう。

高校野球に置き換えて現実の「マネジメント」の問題を考えることは、大きな「危険性」

が潜んでいると思う。やはり「高校野球」になぞらえ「退行」して、マネジメントを考えているのである。大学生や社会人の高校野球への「退行」はある種の「純粋さ」を呼び戻し、何でもできるような気になる仕掛けになっている自己啓発セミナーと同様に、「もしドラ」にはその「仕掛け」があるといえる。

現実の経営活動において、経営組織のチーム・ワークなどを野球に例えて、社長らが「スピーチ」をすることがある。それらも「退行」的な話といえよう。つまりそのように例えられるのは、野球の持つチームワークもさることながら、野球というスポーツが持つ「純粋さ」のイメージとさらにはスポーツが持つ幼児性とも関係しているかもしれない。

さらに東京ディズニーランドなどへ二十歳を過ぎた大人の女性たちが行き、「楽しい」というのは「退行」的な感動であろう。東京ディズニーランドなどには、「メルヘンの世界」など、さまざまな「幼児性」があふれている。

自己啓発セミナーの問題を考える際にも、先にふれたようにそれらの「退行」はある種の「現実」からの逃避ともいえる。

対戦相手の「他者」をあまり描かない「もしドラ」

マネジメントという一般的には営利的な分野を、「もしドラ」は非営利的にとらえ展開している。というより営利と非営利との区別をさせない。それは、マネジメントの方法に人間主義を標榜するとすれば、やはり「非営利」がより適した空間であるからであろう。そこには「労働力商品」や「コストとしてのヒト」などというような考えはない。さらにその問題を経済学的に言えば、労働力や土地や貨幣という「ヒト、モノ、カネ」という企業活動の根幹をなす要素がことごとく「擬制的商品」になっている資本主義経済の基本的問題が「もしドラ」では見抜けない。したがって今日問題となっている「市場原理主義」の問題も感覚的にも理論的にも把握できない。

つまり、資本主義経済社会での企業マネジメントの世界ではまさに営利的な空間や時間が基本であり、あたりまえの「日常」である。そこではまた、非営利的な空間や時間は営利的な分野にとって外部的だともいえると思う。自己啓発セミナーでの非日常が日常を凌駕するように、「退行」的ストーリーなどを援用する「もしドラ」では非営利の世界が心地よく描かれている。さらにいえば、社会経済を考える際に、重要な「非営利」と「営利」との間を「行ったり来たり」しないストーリーが「もしドラ」の危険性の源ともいえる。

やはり、程久保高校の野球部が、「ノーバンド」「ノーボール」作戦ぐらいの「内部的」な「イノベーション」で簡単に勝ち進むストーリーも陳腐で出来すぎである。つまり、野球では無名の程久保高校野球部が勝ち進むことを見て、他のチームがより研究し対戦してくるはずである。そしてその対戦相手の「研究」に対して、さらに「こちら側」も研究して対応する。それらの対戦相手との「ゲーム理論」的な駆け引きやそれらの「ドロドロ」した部分の

「ドラマ」は描かれていない。野球は対戦相手との駆け引きが面白いのであるが、それがほとんど「もしドラ」には無い。やはりそれは、「もしドラ」は次に考える「全能感」を感じさせるためにも、「退行」的かつ「非営利」的に創作せざるを得なかったのだろう。

「甲子園」という「全能感リスク」

次に大きな問題なのは「もしドラ」にある「全能感」である。つまり、「非営利的」な「甲子園出場」を達成したことで、全ての登場人物が「可能性」を限りなく発揮し、各自の欲望を「全能」的に叶えているストーリー構成になっている点である。したがって、そこで安易に感動した人は自分も何かやれる「気持ち」になるのであろう。それは最近よく巷で聞く、「元気をもらう」類であろう。

「甲子園出場」は程久保高校野球部の全部員の欲望が叶い、精神的な「傷」が癒される。それも一挙に叶い、一挙に癒されるのである。これらの全能感は、やはり、自己啓発セミナーの目指す全能感と同質のものであろう。その意味からも「甲子園」という言葉は「マジックワード」といえる。

このような一挙に「全能感」や「達成感」を求める方向には危険性を感じる。それはやはり「リスク」を積極的に取りに行く生き方と同じだといえる。そこからさらに言えば、現代の「全能感」を求めることは、やはり「お金」を求めることであろう。「お金」は万能だからである。また、それは「高級ブランド品」嗜好にも繋がるといえる。なぜなら「ブランド」は全能感の代名詞というべき「お金」と同質の「疑似貨幣」でもあるからである。そのことを平たくいえば、高級ブランド品に身を包んでいる人は、「私はお金持ち」だとひけらかし、「なんていっても世の中は金よ！」と結局は言っていると思えるからである。

一挙に全能感を求めるのは、ギャンブルで言えば「大穴」を狙うやり方である。「俺は、成り上がって、将来はビックになるぞ」などと言う若者をたまに目にするが、そこでの「ビック」は、「もしドラ」の「甲子園」と同じものであろう。そのような「ビック」をより目指す人が、自己啓発セミナーに参加すれば、「ビックな自分」への可能性を最大限に信じるようになろう。それはつねに「人生を賭ける」というような「全能感リスク」を持つ人と同様の考えだと言えよう。

人の意見など聞かず、なりふりかまわずリスクを敢えて一挙に取りに（take）行く独りよがりの生き方は、結局は「貧弱な自分」しかない下流的な生き方に繋がると思う。

それとは逆に「生き方」のリスクを分散（hedge）し、お金儲けではなく、幅広く「社会」を勉強し、多様な人脈からいろいろな意見を聞けるネットワークを持つ人は「豊かな自分」の生活をしている上位階層に多いといえよう。

「もしドラ」と自己啓発セミナーの持つ問題点を考えてきたが、それは「人間主義的マネジメント」にみる「限りない可能性をもつ人間」という考え方がまずあった。一方、自己啓発セミナーでは、あらゆる障害を克服できる「自己」を想定し、自分の欲望に向けて突き進み、異常なほどに「自分の可能性」を信じ込ませる「人間至上主義」であるといえる。それらの二つの「自分の可能性を切り開く」方法は、同じ問題の根を持つものといえよう。

やはり、「人間主義的マネジメント」において外部性を気づかせないのは、まさに「人間」というのがマジックワードだからであろう。その「人間」という言葉そのものに、手垢のついた「肯定性」や「倫理性」がアプリオリ（先天的）にある。例えば、「ヒト」とは言わず、「人間」という点からしても、「人間主義的マネジメント」は、そこでの「人間」というその出発点を無批判に疑わないのである。

その問題を考える社会的な例を挙げよう。それは、「ヒューマニズム」という「人間中心主義」が結局は思いもよらぬ深刻な問題を生んでいる。例えば「環境問題」を人間中心社会が随伴的に生んでいることからもわかる。

そのような視点から見ると、今日においてマネジメントの世界でも看過できない社会的状況が捉えられる。それは、人間主義的「非営利主義」が近年の仕事の現場で拡大している点である。それも「もしドラ」現象が生まれている要因であろう。その点を冷静に見ながら今日のマネジメントやビジネスの問題を考える必要がある。章を変えよう。

第五章　「もしドラ」現象の底流にあるもの

人間主義的マネジメントと感情労働

二〇一〇年に日本は中国にGDPで抜かれ世界第三位の経済国になった。これは日本経済の一つの大きな転換点を具体的に示した出来事であろう。日本がGDPでアメリカに次いで第二位に躍り出たいわゆる高度成長期とは比較にならないくらいに経済や企業活動は国際化している。そして国内の消費生活も「質的」に変化している。過去においては「くたばれGNP」という論調でさまざまな識者が、数値的な経済成長を戒めた。しかし、現実はGDP（GNP）の成長率が経済政策において重視されてきた。それは現代の資本主義経済体制が「成長」を当てにした「株式投資」、「年金」などという金融経済と大きく関係していることもあろう。しかし、いまこそ「質的」な経済体制を考える時期にさしかかっている。したがって、日本の企業経営もこれまでになく大きな転換を求められているといえよう。

とはいえ、これまで見たように問題のある「下流」的でステレオタイプの価値観に根ざした「もしドラ」のような本が驚異的に売れているのである。その点を考えると、日本の経済の先行きは「質的」にも暗澹たるものを感じる。企業で働く人の「知力」や「発想」が貧弱であれば、今日求められている経済的問題に企業が対応できないことは明らかであろう。これからの日本の企業の方向を探るためには今生じている問題を「直視」し、分析することがまず求められよう。

先に「感情労働」の問題を取り上げた。そこでも述べたように、サービス経済化がよりその「感情労働」を強いるような仕事を増加させているといえよう。その「感情労働」をさらに現代的に発展させて捉え、これまでの「労働」概念の再検討を迫る研究をし、現在進行していている雇用問題や経済問題を鋭く分析されているのが千葉大学准教授の渋谷望氏である。渋谷氏は『魂の労働』（青土社）で近年の「介護労働」の広がりに焦点を当てられている。「介護」はまさに高齢化福祉社会における新たな「労働」や「仕事」となっている。それは、かつての「家族介護」が社会化され有償の労働へと変わってきたからだといえる。その「介護労働」の増加は、現代社会の労働現場を見てゆく重要な視角になる。

「介護労働」の現場は、渋谷氏が言うように先にみた「感情労働」と同様の問題を持っている。しかも、その「介護労働」は、ホックシールドのいう「感情労働」がより複雑で困難なものを含むものとなっている。

航空会社の客室乗務員の「感情労働」と同じく、「介護労働」も対面的で相互的行為により労働が行われる。ただ、客室乗務員の顧客との関係は、一般的にはその場の飛行時間における「しばし（暫し）」の間の関係である。一方、「介護労働」においては介護者と被介護者の関係は長く続くだけではなく、「信頼」や「思いやり」やお年寄りへの「愛情」というような、より「人間的」な要素が求められると、渋谷氏は指摘する。したがってその労働は、金銭を得るためだけの賃労働と言い切れないものがある。だから厄介なのである。

そこでは、いわば「高度」な「感情労働」が必要とされ、さまざまな困難な状況にそれらの労働者は陥る。そこから渋谷氏は次のようにその問題性を分析されている。

> 産業労働者が自己の労働を、自己の感情とは切り離すことのできる〈商品〉として扱うのに対して、介護労働や感情労働に従事する者は、介護される側（顧客）との長期、短期的な信頼関係にコミットしているがゆえに、十全にその感情労働を商品化することができない。それゆえつねに、顧客に対する〈感情〉や〈配慮〉を優先させるか、それとも労働の〈商品化〉を優先させるかを決めかねる困難なポジションにあるといえる。
>
> （『魂の労働』青土社、三十―三十一頁）

賃労働者として自分の労働力を「商品」として切り売りしている自分と、人間的な仕事として取り組む「介護労働」との間の溝は深い。しかし、ある介護事業の経営者は、やりがいのある人間的仕事としての「介護労働」を強調する方向で、マネジメントしているかもしれないが、彼はそれによって賃金を相対的に低く抑えることを目論んでいる問題のある人物かもしれない。もしそのような経営者だとすると、やはりそれは低賃金であるけれども「やりがい」のある仕事と感じさせ、実質的に低賃金による「労働強化」を行っているといえる。「もしドラ」は、感情労働や介護労働に従事する人の悩みというべきアイデンティティの分裂を克服するために参考になっているのかもしれない。介護労働が「商品化」ではなく「人間的側面」へ向かうよう自らを鼓舞するために「もしドラ」を読んでいる人もいるのであろう。つまり、それは、まさに「お金」で買えない人間主義的な「生き甲斐」などをその仕事に見いだすようになるための本として「もしドラ」が読まれているともいえよう。

さらに渋谷氏はホックシールドの「感情労働」論を、より発展させ重要な分析をされている。それは、この「感情労働」の強化が、いわゆる接客業や直接的に顧客に対応する対個人的サービス業だけはなく、先に見たトヨタ自動車などの生産現場における労働者にも拡大している点を指摘されている。このことは、先の伊原亮司氏の著書にも具体的に展開されている。

伊原氏がトヨタ自動車の非正規雇用の期間従業員として働いたことをもとにして書かれた『トヨタの労働現場』の中に日記的な記録というべき以下のような叙述がある。

九月十八日（火）
アメリカで不良品が発見された場合は、その都度、詳しい報告書が不良個所の写真付きで担当部署に届けられる。各職場のプレハブ内にはパソコンが設置されており、そこに不良品情報が送られてくる。現場では、その情報も元に、すぐ再発防止のための手立てを講ずる。データから不良品を出した個人を割り出すことも可能であろう。

（『トヨタの労働現場』一七二頁）

トヨタ自動車の輸出先としてアメリカは重要な市場である。しがたって、伊原氏の「日記」にあるように、アメリカからフィードバックされる「不良品」情報に、トヨタ自動車としては神経をとがらせているのは理解できる。そこで注目すべきは、膨大な製品生産数においても数少ない不良品を検出し、さらに関わったと思われる何千人もの現場の作業員たちの中から、個別的に作業員を特定できるシステムを持っていることである。伊原氏の次の日記をさらに見てみよう。

十月三十日（火）
品質に対する労働者の意識を高めるために、今後は、後行程を「顧客」とみなす。そして、後工程に不良品を流してしまった場合には、「顧客からクレームがあった」と考える。「すべての労働者は、顧客に売り物をひきわたすつもりで生産せよ」とのお達しである。

(『トヨタの労働現場』一七三頁)

この「日記」から読み取られるのは、トヨタ自動車では生産現場においても、「消費者」や「顧客」を想定して、対個人サービス業のような「接客」を要求しているといえる。この伊原氏の「日記」はすぐこの後に見る渋谷氏の分析概念とまさに「合致」する。

顧客情報を重視する経営管理

拡大する感情労働

今日のマネジメントの方向を渋谷氏は「顧客による経営管理テクノロジー」があらゆる産業セクターに拡大すると、考えられている。そして次のように渋谷氏は的確な分析をされている。

> それ(「顧客による経営管理」のテクノロジー……筆者)は「押し付けがましい管理や官僚主義的コントロール」を弱めながらも従業員を管理するために「消費者からのフィードバック」を用いる。顧客による《カスタマー・レポート》採点表などの実践に端的に現われるように、そ

れは従来の経営者からの(「上からの」)指令――それは必然的に抵抗の主体や対抗的文化を職場内に作り上げることを容易にする――をいわば消費者からの指令に置きかえる。高い「クオリティ」への顧客の「ニーズ」という指令は、経営者、労働者双方の垣根をいともたやすく取り払う。それゆえそれは「不信」から「信頼の風土」へ、「労働者文化」から「企業文化」への文化とアイデンティティの転換を伴う。こうしてそれは労働者の「経営参加」を要請し、労働者が自らの感情に働きかけて「自発性」を引き出すよう促すのである。

(『魂の労働』三十四―三十五頁)

この渋谷氏の指摘のように、「モノ」作りの現場にも高度な感情労働や人間主義的な「自発性」が要求されている。そして、それがまさにマネジメントにおける「信頼の風土」などに繋がる点を考えると、これまで見てきた人間主義的なマネジメントとしての「もしドラ」の問題が、より生々しくかつ現実的に理解できると思う。

感情労働と消費者重視の奇妙な結託

ここで考えるべきは、渋谷氏が指摘される企業現場での「信頼の風土」がより発展して、従業員のその企業への忠誠心を高める方向についてである。また、その「忠誠心」が社会全体に拡大する傾向であることも見逃してはならないのである。それは、「介護労働」などに見られるように公共セクターにおいてもその人間的な「忠誠心」が強制されるのを見ても分かる。つまりそこでは営利的な「労働」なのか非営利的な「活動」なのか峻別がつかなくなる恐れがある。

その種の「峻別」の困難性が転じて、「もしドラ」における野球部という非営利的な「活動」が、営利的なマネジメントに応用できるとの逆の錯覚を生んでいるのではないかと危惧する。

「顧客による経営管理テクノロジー」や「感情労働」による「忠誠心」は、営利的な経営者に向けたものだけでなく、非営利の大学、病院、公務部門などの「顧客」にも最終的には向けられることになろう。それは言い換えれば「顧客による経営管理テクノロジー」のマーケティングがあらゆる産業部門や公共的部門に求められているということでもある。

ここで、渋谷氏のいう「顧客による経営管理テクノロジー」を少し身近に考えてみよう。それは経営者が従業員に自社の「サービス」や「商品」の品質を改良するために、「サービスのこの点を改良しなければならないのは、社長の私が言っているのではない。消費者がいっているのだ」と、経営者はよく述べたりすることに端的に示されている。

サービス業などにおいては、その「消費者の声」がダイレクトに当該の従業員に「フィードバック情報」として届けられ、それがひいては「人事管理」や「人事評価」にまで及ぶのが現代である。例えば、接客業などにおいて「お客様の苦情」を受けた後、その当の従業員を特定し、経営者が「人事管理」や「人事評価」する重要な「材料」になるのがその「消費者情報」や「苦情情報」である。もちろん、問題のある従業員がそれらの「苦情」により具体的に発見できる。それは経営において重要な人事管理である。

従業員は消費者苦情の「人間的」な窓口になれ

あるアメリカの研究において興味深い同様の「消費者情報」についての興味深い例が示されている。ホテルなどが宿泊客に対して「満足度」についてさまざまなアンケートをより詳しく収集する場合がある。そこから、そのアンケートは個々の従業員に対して宿泊客に問題のある対応をしないようにする予防の役目も果たす。これは先に示した体裁の良い「パノプティコン」でもある。

アメリカにおいても日本においても、デパートやホテルなど「接客」をする企業の多くは、消費者が買った商品やサービスへの返品や苦情などを受け付ける部署がある。

L・フラーとV・スミスたちは「Consumer's Report : Management By Customers in a Changing Economy」(L,Fuller, and V,Smith,1996 'Consumer's Report : management by customers in a changing economy' ,in Macdonald,L.Cameron and Sirianni,Carmen eds.,*Working in the Service Society*,Temple University Press) という論文で、その「消費者サービス」に関連するマネジメントの動きを次のように紹介している。アメリカのレストラン

チェーンなどでは、顧客からの従業員に対する情報をもとに「P／N比率」と呼ぶものを作成しているそうである。顧客からのプラスの情報がPでマイナスの情報がNなのである。つまりPは positive のPであり、Nは negative のNである。

さらにまたフラーらは、アメリカのスーパーマーケットなどの、消費者苦情などに対応する部署の新たな動き紹介している。例えばあるスーパーチェーンは、地域ごとに組織的な部署として消費者相談室を持っていたが、それらを廃止する動きを示しているという。つまり、そのような部署による企業的な組織的対応から、個々の従業員のそれぞれの売り場（現場）で直接的に個々の顧客に対応する方向へ転換しているという。売り場にいるそれぞれの従業員が責任を持って、消費者からの苦情に「人間的」に対応をすることを従業員に課すのである。それは各従業員が個々の苦情を「自己管理」のもとで処理する方向になっているといえる。

つまり、専門の部署を企業として持つより、個々の従業員が「まごころ」を込めて消費者に対応しなさいということであろう。これなどは、先に見た「感情労働」の強化といえる。ここでもある種の「人間主義的」マネジメントが極度に進められていることが見られる。この顧客からの「消費者情報」をマネジメントに使う方法は一つの経営の方向だと思われるが、しかし注意深くみるとさらなる問題を孕んでいる。それを考えてみよう。

マーケティングに名を借りた「労働強化」

確かに、渋谷氏のいう「顧客による経営管理テクノロジー」が今日では、現実的に「微に入り細に入り」行われているのが企業現場であろう。しかし、そのことをより分析する必要があろう。というのは顧客の「苦情」や「ニーズ」などが、経営者を通して「情報」として従業員に伝えられるその過程を慎重に考えるべきだと思うからである。マーケティングを研究する立場からいえば、渋谷氏の「顧客による経営管理テクノロジー」の先をさらに考える必要があると思うのである。

問題を挙げるとすれば、その顧客からの「情報」を経営者が「恣意」的に使い従業者や雇用者を裁量的に人事管理することなどが考えられる点である。つまり、経営者が都合の良いようにその「情報」に「バイアス」をかけマネジメントに使う可能性がある。マーケティング重視を「錦の御旗」に、労働者にたいして、より強く感情労働にいそしむように経営者側は求めてくるようになろう。その結果は「労働強化」以外の何ものでもないだろう。

そして、さらにそこにおける大きな構造的な問題もある。「苦情情報」も含め「消費者情報」を正確に経営者が把握できるかどうかの問題である。そこにいくつかの重要な看過できない問題があるので考えてみたい。なお、この問題を消費者側からと企業側からの二つに分け、次に示すようにそれぞれを順序立てて考えてゆきたい。

一、消費者側における問題

①消費者自身が「ニーズ」を明確に表現できない。

②消費者と企業には「情報の非対称性」があり、正確な情報を消費者が企業から得ているとは構造的には言えない。

③消費者が「孤立」化し、消費者の学習が十分ではなく消費者運動などが「社会的」運動へ進まない問題。

④『国民生活白書』(平成二十年版)などに示されるように、日本の七割以上の消費者が「消費者権利」を公的機関に擁護されていないと思っている問題(表5-1)。

二、企業側の問題

⑤企業自らのマーケティングよる消費者への「操作性」と消費者との「関係性」をどう考えるか。

⑥企業による「競争的使用価値」の問題。

消費者は自分の「ニーズ」を表現できるか

最初の①は、先の第三章で石井淳蔵氏の『マーケティングの神話』で展開されているさまざまなヒット商品が売れた理由をあとづけで展開される例などと関連する。企業側も消費者も確固たる「欲望」や「ニーズ」を明確には「把握」することは出来ない点である。たとえ消費者からの情報として「ニーズ」があったとしても、それが的確なものかどうか判断できない。したがって、その消費者情報をそのまま汲み取り直ぐに商品の生産や人事管理に活かすことが出来ると考えるのは、問題なのである。この問題の分かりやすい例として、大学などでの教師に対する学生の評価がある。そもそもあまり出席していない学生が、たまたま授業評価アンケートを実施する日に出席し、アンケートに答えるということを考えれば分かる。この評価は正当な評価とはいえまい。ついでに言っておけば、私の経験からすれば欠席がちな学生ほど、講義に否定的な評価をする傾向にある。

さらに、②の問題は、経済学理論の分野で定説とも言える「消費者」と「企業」との間にある「非対称性」の問題に関連する。その「非対称問題」を経済学者宮沢健一氏は以下のように整理されている（宮沢健一「経済構造における消費者の位置」「ジュリスト」増刊総合特「集消費者問題」、有斐閣、一九七九年）。

（1）情報の非対称性。

製品に関する情報は消費者より生産者が多く持つという不平等性である。具体的には、i生産者と消費者の情報入手における不平等性。ii製品の表示における不平等性。iii情報伝達の遅速における不平等性。

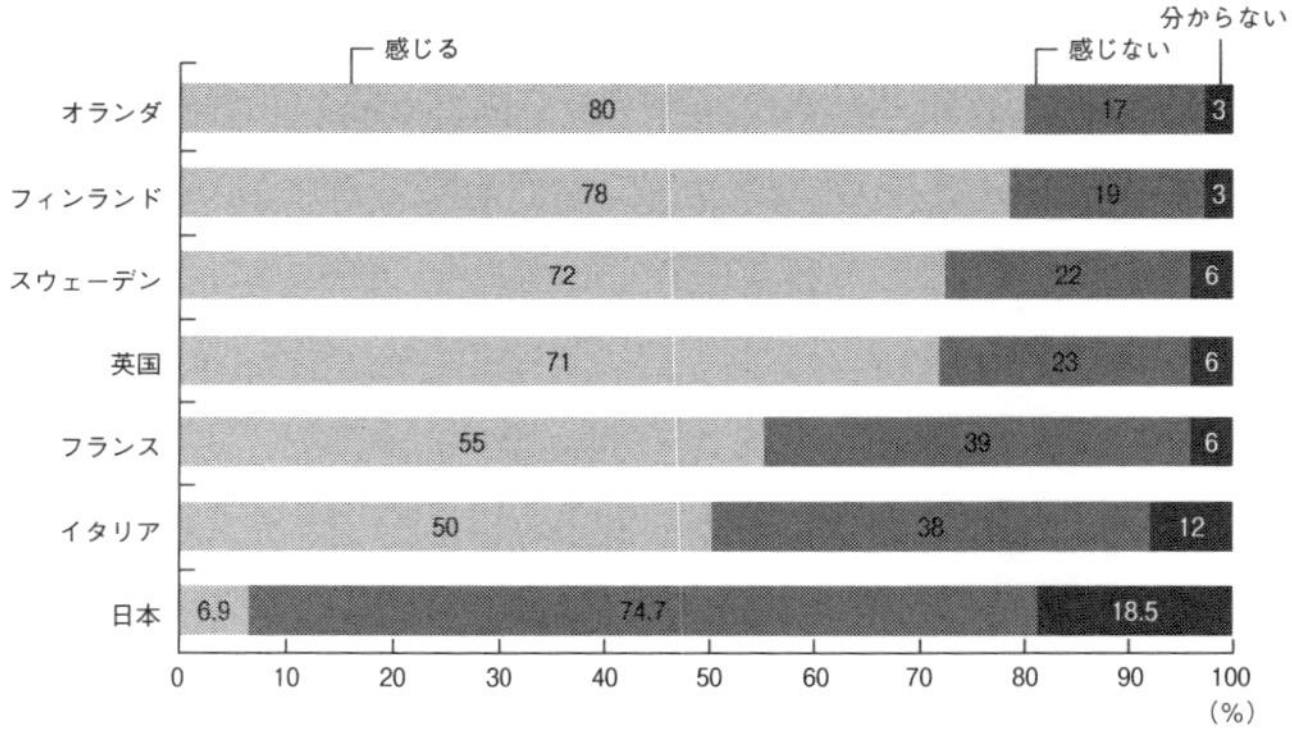

表5–1　日本では、約７割の消費者が公的機関に消費者権利を擁護されていると感じていない

〈備考〉1. 内閣府「国民生活モニター調査（消費者行動に関する意識・行動調査）」(2008年)、EC "The Consumer Markets Scoreboard:Monitoring consumer outcomes in the single markets" (2008年) により作成

2. ともに、「政府などの公的機関が消費者の一人としてあなたの権利を守ってくれていると感じますか（○は一つ）という問に対し回答した人の割合

（内閣府『国民生活白書（平成20年版）』社団法人時事画報社』121頁より）

（2）技術操作における生産者と消費者の間にある非対称性。

電化製品など現代的な商品の操作技術に関して生産者と消費者とは格段の差がある。

（3）負担の転嫁における非対称性。

製品コスト上昇の負担において、生産者はその上昇分を製品価格に転嫁することができるのに比較して、消費者はその上乗せされたコスト上昇分を他には転嫁できず、消費者自ら負担せざるを得ない。

（4）組織力と市場支配力における非対称性。

寡占企業をはじめとする企業

の強力な組織力や市場支配力に対して、消費者のネットワークの弱さにみられるように、消費者の組織力や市場への影響力は企業に比べ脆弱であり、非対称的である。

以上のような企業と消費者との間にある構造的で体制的な「非対称性」を考えると、消費者が発する「口コミ」情報などもやはり問題がある。同様に③の消費者の孤立性や④の「消費者の権利」などが公的に十分に守られていない日本の消費者行政の問題もある。『国民生活白書』（平成二十年版）によれば、表5－1のような調査結果を示している。また提供する製品に関する広告や消費者情報などは、ある種の「操作性」を含むものである。さらにいえば、ここにみられるような「非対称的な情報」を企業が提供し、その情報を消費者が見て、そしてさらに「回りまわって」その「非対称的」情報を都合よく収集し、企業が人事管理などに利用するとすれば、その迂回的で不正確な情報に基づく、「顧客による経営管理テクノロジー」は問題であろう。

マーケティングにおける操作性と関係性

次はさらにその「顧客による経営管理テクノロジー」を企業側からより考えてみよう。企業と消費者間にみる⑤の「操作性」と「関係性」の問題である。

先の第二章で寡占市場における非価格競争として、マーケティングが生成したことを論じた。さらにそこでの寡占企業が市場をある程度操作し得る力を持つことを指摘し、まさに「見えざる手」から「見える手」への市場の転換をマーケティング生成の関係で述べた。その寡占企業による「見える手」にはある種の「操作性」が生じる。そして、市場や消費者を寡占企業が「操作」するためにマーケティングを行う側面がある。その操作性についてはかつて著名なアメリカの経済学者ガルブレイスが「依存効果」という概念を軸に、著作を表したことはよく知られている。彼の研究の要点を言えば、大企業の生産力が強くなり、それに消費者が「依存」せざるを得ない経済構造を分析している点である。（J・K・ガルブレイス『ゆたかな社会　決定版』鈴木哲太郎訳、岩波書店）。

もちろんその寡占企業の操作性に対して、マーケティング学者は関心をもち研究をしてきている。そして、そこから問題の「消費者情報の非対称性」を解消する意味も含めて、いわば企業と消費者の同等の協働的な「関係性」を目指すマーケティング論が

	協働型マーケティング	操作型マーケティング
何を主として売るのか	価値創造プロセス（協働関係）	製品（生産活動の結果）
差別化の焦点	・顧客と接する担当者 ・関係を展開する場（システム）	製品コンセプト（ブランド）
マーケティング権限の担い手	顧客と接する担当者個人	組織による決定と調整
効率性基準	範囲の経済	規模の経済
組織特性	ルースな組織（境界が稀薄なネットワーク）	タイトな組織（階層型組織）

表5-2　協働型マーケティングと操作型マーケティングの比較
（上原征彦著『マーケティング戦略論』有斐閣、290頁より）

登場する。例えば明治大学の上原征彦教授はこれまでの操作型マーケティングを超えるべき協働型マーケティング論を展開されている。上原氏がその両マーケティングの違いを表5－2のように的確に対比されている。

この上原氏の示す協働型マーケティングはこれから目指すべきマーケティングの一つだといえる。それは、いま問題にしている「顧客による経営管理テクノロジー」を考えるためにも、看過できないマーケティングの研究であろう。

ただ、上原氏の対比的な表5－2の内容を見ても、実現性の難しさを抱かざるを得ない。なかでも協働型マーケティングが「価値創造プロセス」を売るという場合の「ビジネス・モデル」をどう考えたらよいだろうか。上原氏は、具体的な例を著作で示して、「価値創造プロセス」論を展開している。

それは例えば、消費者が服を購入する際に、その製造段階から消費者が関わって作れるようなシステムの構築を考えている。つまり、「協働型マーケティングのイメージ」として、服を生産する工場にいる服飾デザイナーと直接的に消費者が色・柄・サイズ、さらにはデザインなどを「対話」しながら、その消費者の服を作るというようなシステムを上原氏は示している（上原征彦『マーケティング戦略論』有斐閣、二六六頁）。

もちろんこれらは夢物語ではない。現在のＩＴ技術を使えば可能だろう。確かに、そのデザイナーと消費者がインターネットのテレビ電話などを活用すれば可能だと思う。もしそのようなシステムが構築できれば、より消費者を重視したマーケティングになるだろうし「顧客による経営管理テクノロジー」の内容が大きく変わるであろう。

さらに具体的に例えれば、パソコンの故障や操作などにおいて、パソコンメーカーのお客様相談室が消費者とテレビ電話で、現物のパソコンをお互いに示しながら故障箇所や操作などを相談することなども考えられる。

しかし、そのような「テレビ電話の対話」などによるマーケティングをシステムとして企業が取り入れる過程を考えれば、そこでの問題が明らかになる。その「テレビ電話システム」が、現実に行われるかどうかは、その市場の競争の状況が一つの鍵になろう。どの企業がどのように「競争的」に採用するかどうか。さらにいえば、例え明確にそのような「テレビ電話による対話」という「消費者ニーズ」があるにしても、企業はそれに向けてすぐにはシステム化やその組織作りはしないであろう。つまり、その消費者相談における「テレビ電話」の活用は、現実には他社との競争度合いによって採用するかどうかが決まるのであろう。

また、その「企業間競争」と「消費者ニーズ」の問題を考える上で、重要なマーケティング研究がある。そこでは、上原氏のいう協働型マーケティングの実現の難しさを理論的に考えることになる。それが企業側の⑥（本書二〇五頁）の大阪市立大学名誉教授石原武政氏が展開された「競争的使用価値」論である。

石原武政氏の「競争的使用価値論」の重要さ

石原氏は、先のガルブレイスの言うような寡占企業による「依存効果」を生むマーケティングなどの操作性は認めるにしても、それが完全に消費者を操作し得るものでもないとする。そこには消費者の抵抗が考えられるからである。具体的には消費者運動などもその「抵抗」といえよう。そしてその石原氏の「競争的使用価値」論において重要なのは、企業側のマーケティング競争により「相殺的」な製品が生まれることである。

石原氏の主張をより簡潔に説明しておこう。企業は、消費者のニーズや欲望に応えることもさることながら、寡占化市場における製品差別化戦略では他社とのゲーム的でライバル的な「競争」を第一義的に考えざるを得ないのである。現実に製品はそのような企業の競争を通して市場に売り出される。したがって、その寡占的企業の競争から「相殺」や「中和」を示す傾向が生まれる。そのような寡占的市場における企業競争が変質しながら続くことを踏まえて、石原氏は次のように述べている。

自己の銘柄に欲望をひきつけようとする努力は、競争企業の同様の努力をきりくずすことなしには十分な効果を発揮しえない。各企業は自己の製品の差別性を訴求するが、すべての企業がそうする結果、消費者の手もとでは訴求の差別性自身が中和されるとともに、消費者の比較と選好の基準を多様化させ、欲望の特定銘柄への固着化をかえって攪乱することになる。

（石原武政『マーケティング競争の構造』千倉書房、六十三－六十四頁）

各ビール会社による発泡酒のマーケティングについて「朝日新聞」（二〇〇八年五月三日付け）が取り上げた記事が面白い。そこでの各社の製品を比較した表5－3があるのでそれを見てもらいたい。寡占的ビール会社の発泡酒による「糖質ゼロ」をめぐる戦いである。まさにマーケティングの「過剰さ」や「競争的使用価値」の現実を感じ取れる。

各社の「糖質ゼロ」を比べると

メーカー	商品名	発売時期	アルコール分(%)	100mℓあたりのエネルギー	CMキャラクター	商品のコンセプトやイメージ
アサヒ	スタイルフリー	07年3月	4	24	堺雅人 井川遥	糖質0のきれいな味
キリン	麒麟ZERO	08年2月	3	19	反町隆史 相武紗季	「カロリーオフ」と「糖質ゼロ」の二つの価値を同時に実現
サントリー	ゼロナマ	08年3月	4	23	藤岡弘、	“糖質ゼロ”と“本格的なうまさ”を両立
サッポロ	ビバライフ	08年4月	5	28	ナインティナイン	ガマンしない糖質ゼロ発泡酒

表5-3　ビール各社の発泡酒戦略の比較
（2008年5月3日付「朝日新聞」をもとに作成）

つまり、この記事が示す表5－3にある各社のコンセプトなどをみると、よりライバル社を意識して作られているのが理解できよう。そのようにして商品の「使用価値」（発泡酒の有用性）は「競争的」に決まってゆくのである。それが石原氏のいう「競争的使用価値」の一例である。

ある種の「消費者ニーズ」をあるメー

カーが確認したとしても、それが商品化されるのは、「資本の論理」(金儲けの論理)による競争を媒介にして初めて実現されるということである。

この発泡酒の広告競争からも「広告の中和化」も理解できよう。あるビール会社が売上げを伸ばすための発泡酒の広告する。今度は、それに対抗するライバルのビール会社も激しく広告する。したがって、お互いの広告競争が相殺され広告効果が減少する。それはまさに「広告の中和化」であり、「相殺」的側面を示すものといえる。ともかくも、消費者のニーズに応えるにしても、まずは他社の動向を見て「競争」に打ち勝つことが大前提としてある。

さらに使用価値をめぐる競争は、企業のもつ技術力がすぐ製品に直接的に使われず、市場に登場しない場合もあろう。つまり、ライバル競争において、現在の技術力で十分に対応できる製品が売れている間は、新たな技術に裏打ちされた製品をそのメーカーが市場にすぐ出すとは限らない。他社の動向を見て、どのタイミングで市場に出すのが利潤をより獲得できるかを勘案して、「新製品」が市場に登場する。その意味でも「競争的使用価値」は、さまざまな屈折を経ながらその内容が決まってゆく。その観点からいっても、協働型マーケティングの実現には大きなハードルがあろう。

企業と消費者が「人間主義的」に協働する関係が生まれるかどうか。先に示した衣服を協働的に創る企業の担当者が「儲け」などを考えず消費者により「人間的」な「感情労働」をもって接するようになるだろうか。その点においても、まださまざまな議論をする余地が残っている。確かに、協働的マーケティングがドラッカーのいう消費者重視論や「もしドラ」などで展開される「人間主義的マネジメント」と結びつく可能性はあろう。いやそれは今日においては、可能性というより規範的「方向」というべきものであろう。「規範的」方向はあくまでも期待であり現実を把握し分析しているものでもない。

以上のように渋谷氏の分析する「顧客による経営管理テクノロジー」を、マーケティング研究や「競争的使用価値」論の視点から捉えると、消費者重視のマネジメントやマーケティングには、さまざまなまだ考えるべきことがある。さらにいえば、「もしドラ」で展開されるマーケティング論やマネジメント論はやはり表面的であり、現代的な問題の深層に至っていないことが明らかであろう。

では最後に、なぜこのような物事を突き詰めて考えようとしない表面的なマニュアル本というべき「もしドラ」がベストセラーになったのかを、「下流化」という視点から最後にまとめてみたい。

「下流階層」とは

「下流階層」の発見

最初の章などで「もしドラ」と「下流化」という傾向を関連付けて述べてきた。しかし、そもそも「下流化」とは何なのか、改めて考えることから始めたい。

「下流」という「階層」を発見し、「下流」という概念を生み出したのは、一章でも参考にした三浦展氏の『下流社会』という著作であろう。その著作で、まさに「個性的」階層が閉鎖的な生活を志向している現実を、アンケート調査などをもとに三浦氏が示された。そこから、いくつかの研究と相まって、さらなる「下流化論」の著作が書かれた。その一つが内田樹氏の『下流志向』である。さらに、さまざまな分野の研究者が階層的に二極分化し、階層化が進んでいる現実を世に示した。それらの一人が先の苅谷氏であり、重要な著作を公刊された。そこで、三浦氏の分析を契機に「下流化」と「もしドラ」現象を関連づけて考えたい。「もしドラ」が三十歳以下の比較的若い人に多く読まれていることを先に紹介した。そこでは経営学や経済学を学んでいる大学生も多いであろう。また、「もしドラ」は高校野球を題材にしていることからも、多くの高校生も読んでいることが予想される。したがって、若い人を意識しながらあらためて「下流階層」を考えてみたい。

日本において中流階層が減り下流階層が増え、それらの階層論を論じた著作のなかで、マーケティングなどと関連して注目すべき分析がなされたのが、三浦展氏の『下流社会』であった。「格差論」や「階層論」の多くが経済学や社会学からの分析が多い中で、三浦氏の分析には具体的な「消費行動」の部面からの分析があり、それが他の著作と違う特徴といえる。

三浦氏はアンケート調査（二〇〇四年十一月と二〇〇五年五月、六月）を行い興味深い分

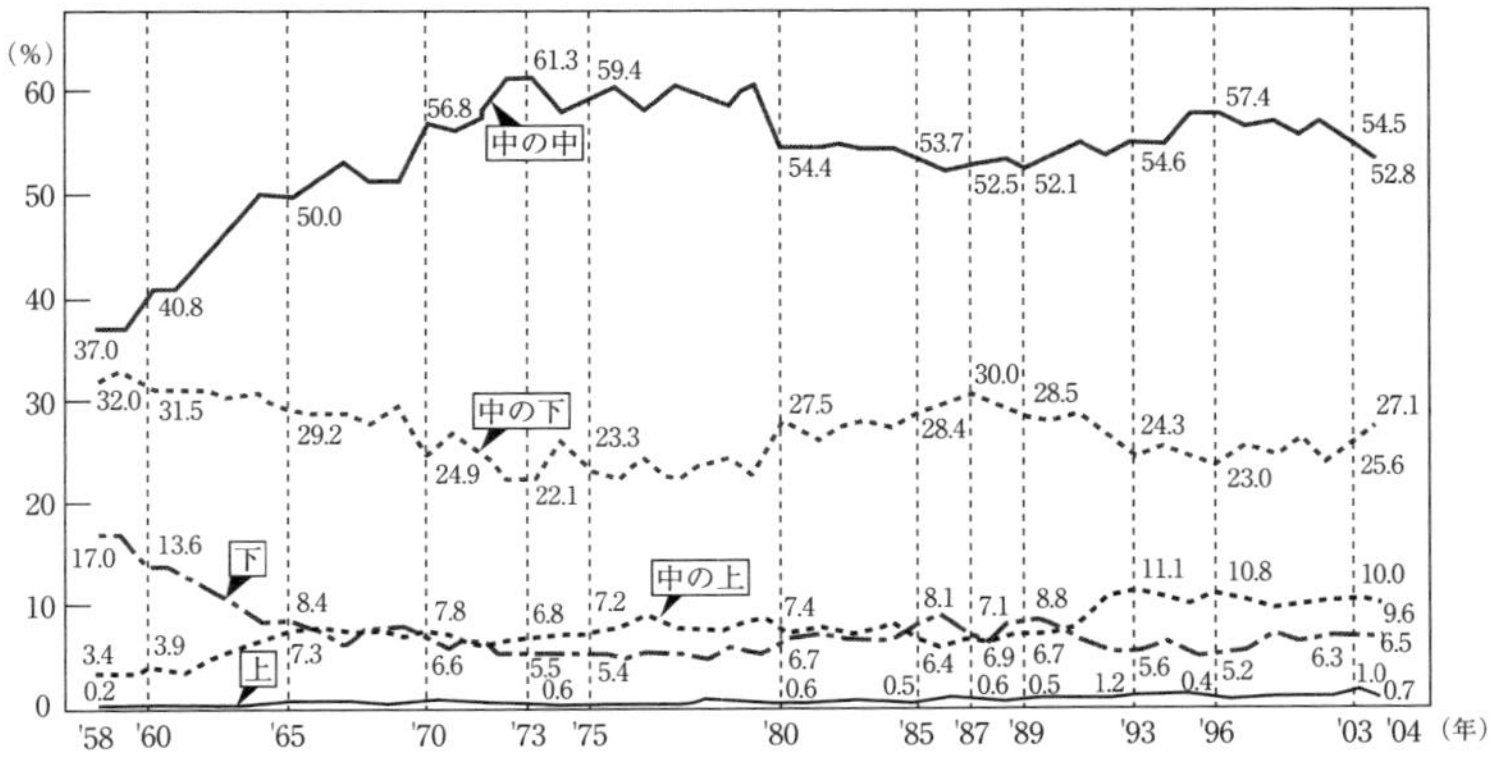

表5-4　中流意識の変化

注　'62年1月調査及び'63年1月調査ではこの質問は行われていない。
'67年2月調査から'69年1月までは対象者が世帯主、家事担当者

資料：内閣府「国民生活世論調査」（三浦展著『下流社会』光文社、25頁より）

析結果をその著作で示されている。

まず、三浦氏も注目されている階級意識についてであるが、内閣府の「国民生活世論調査」を基にした表5－4を見てみよう。この表においては、「上」「中」「下」の階層意識が近年において変化している点が分かる。特にこの調査では中流意識が目立って変化していることが明らかになっている。調査では階層意識を「上」「中の上」「中の中」「中の下」「下」と分け、「あなたの生活程度は世間一般と比べてどれくらいですか」という質問に答えたアンケート結果がある。それが表5－4である。それによると、「中の中」と答えている人が一九九六年には五七・四％もいたのが、二〇〇四年は五二・八％と減少している。そして、同じく「中の下」が二三％から二七・一％に増えているのである。意識の上で

も「下流化」が進んでいる。

これらの調査で一九八〇年代後半のバブル経済時代に「中の下」は一時少し増えたことが示されている。しかし、そこで三浦氏が注目されているのは、「中の中」はあまり減少していない点である。一九八七年から一九九六年の同調査においても、「中の中」は五二・五%から五七・四%に増え、同じく「中の上」も四%弱増えている。

また、目引くのは逆に同時期「中の下」が七%も減っていることである。つまり、この時期は「中の下」が「中の中」や「中の上」へ上昇しているといえよう。これらの傾向を踏まえ三浦氏は「ところが96年から違う。『中の中』が減り、『中の下』や『下』が増え、同時に、『中の上』が10%前後を維持し続けているのだ。これは戦後の歴史の中でも初めての傾向である」（『下流社会』二十六頁）と述べられている。

つまり、「国民生活世論調査」において、一九九六年から二〇〇四年においては、「中の下」と「下」を合わせると二八・二%から三三・六%に増えているのである。それは、「中の中」から「下」にいわば「没落」している人が多いということであろう。その一方「中の上」はあまり減少せず維持されているということは、まさに「格差」が拡大していると言える。

これらの基本的な傾向についてさらに三浦氏は、世代ごとに二〇〇四年に「欲求調査」としてアンケート調査をされている。その世代は団塊ジュニア世代（一九七一年～一九七五年生まれ）、新人類世代（一九六一年〜一九六五年生まれ）、団塊世代（一九四六年〜一九五〇年生まれ）、昭和ヒトケタ世代（一九三一年〜一九三七年）の四つである。そのそれぞれの階級意識を三浦氏は独自にさまざまな角度から分析されている。

なかでも、注目すべきは上記の四つの世代のうち「上」と「中の上」を合わせて「上」、「中の中」を「中」、「中の下」と「下」を合わせて「下」として見ると、団塊ジュニア世代の男性の階層意識が四八％と最も「下」である結果になっていることである（『下流社会』九十頁）。また二〇〇五年に三浦氏がさらに行った「女性一次調査」（一都三県在住者の調査）では二十八から三十二歳の女性階層意識で同じように「下」が四五・四％であったことが示されている（『下流社会』九十一頁）。これらの数値から見ても階層意識において「下」の階層が近年は、約半数近くを占めているということが明らかである。

下流階層の日常生活イメージ

さらに三浦氏は、それらの下流階層の趣味や消費などを通して生活内容の調査もされている。その調査分析から、「下流階層」の人々の「モデル生活」というべきものがイメージできる。例えば団塊ジュニア世代に「あなたの趣味は何ですか」と問うとパソコン・インターネット、AV機器、テレビゲームなどが多い結果となっている。そこから一章でも示したように三浦氏は下流階層について、「ややオタク・ひきこもり的傾向が目立つ」と指摘されている。
これらのいわば今までにない階層の出現を分析し、その下流的な意識や生活観を明らかにした三浦氏の分析は、日本の現代社会論としてあらゆる分野にインパクトを与えた。薄々と新たな階層が生まれてきていると感じていた人はいたであろう。その階層を「下流」として明確に位置付けたのはまさに三浦氏の卓見であった。つまり「下流階層」の輪郭がはっきり見えてきたのである。三浦氏は下流階層を次のように規定されている。

……「下流」とは単に所得が低いということではない。コミュニケーション能力、生活能力、働く意欲、学ぶ意欲、消費意欲、つまり総じて人生への意欲が低いのである。その結果として所得が上がらず、未婚のままである確率も高い。そして彼らの中には、だらだら歩き、だらだら生きている者も少なくない。その方が楽だからだ。

（『下流社会』七頁）

三浦氏の階層論は「階層意識」を説得的に「階層論」へ組み込んでいる。特に、氏の下流階層の分析によって今までにない世代別の「意識」が実態的に明らかになった。

下流ほど「個性」重視

「優しい関係」

これまで見てきた「もしドラ」現象との関連でいえば、やはり「下流意識」が看過できない。なかでも三浦氏の分析で特に注目したいのは、下流階層の家族ほど「個性」「自分らしさ」を重視している点である。理想の家庭像を聞いた質問に対して、「個性を重視した家族」と答えている人は、「下」の人ほど多いことが三浦氏の調査で示されている。具体的には団塊ジュニア世代において、男性で四三・八％、女性で四八・四％も示している（『下流社会』一六三－一六四頁）。

この傾向は下流化と関連しないように思えるが、よく考えると違うのである。確かに「個性重視」というのはまさに「自分らしさ」を大切にする価値観だといえる。なぜ下流階層の人々が「個性」を重視するのだろうか。そこには「もしドラ」現象と関連する要因があると思われるのである。

このことを分析するには、第一章で紹介した内田樹氏と苅谷剛彦氏の対談や二人の著作などが重要な視点を提供してくれる。特に、この点に関しては苅谷氏の分析が興味深い。三浦氏も苅谷氏の一九九七年の高校生などの調査分析に注目をされている。その九七年の苅谷氏の調査では「自分には人よりすぐれたところがある」と答える高校生ほど学校外の学習時間は短いのである。それは、自分の能力を他者より優れていると思っている高校生ほど勉強していないといえる。つまりは、個性を重んじる生徒ほど学校の勉強から「ドロップアウト」している傾向が強いのである。さらにいえば彼らは諏訪哲二氏が著書『オレ様化する子どもたち』（中央公論社）で明らかにした自己能力感の強い子どもたちといえる。「オレ様化」が「個性重視」とつながっている。したがって、「勉強しなくて、コミュニケーション能力が低い」下流階層の子どもほど個性を重視しているといえる。つまりは、「個性化」と「下流化」が連動しているのである。もう少しこの問題を考えてみたい。

そこで注目したいのが土井隆義氏の『「個性」を煽られる子どもたち』（岩波書店）や同じく土井氏の『友だち地獄』（筑摩書房）である。とくに前者は、「下流化」論に関心がある人で、まだ読んでいない読者には薦めたい本である。

土井氏の「親密圏の変容を考える」というサブタイトルのついた『「個性」を煽られる子どもたち』から下流化傾向を考えると、あらたな下流論が切り開かれると思う。土井氏の著作に耳を傾けたい。

土井氏は、小学六年生の女児が同級生を死亡させるという二〇〇四年六月に長崎県佐世保市で起きた事件を取り上げ、それを契機に近年の子どもたちの「友達関係の重さ」に注目をされる。

そこでは、まず「親友」という人間関係の変容が語られている。というのは、その佐世保市での事件で加害少女と被害少女は親友だったといわれていたからである。そのあいだで取り返しのつかない事件が起きている。最近の中学や高校での「いじめ」などは、かつての「差別的感情」からのものではない傾向が示されている。また、土井氏は「いじめ」において最近では加害者と被害者が固定的でない特徴を指摘されている。氏はそれについて次のように述べられている。

現在のいじめは、なんとなくの雰囲気に支配された「優しい関係」の産物であり、その意味で、昨今の親密圏の特徴に由来する関係性の病です。子どもたちは、自らの存在を安泰なものとするべく関係性のなかでお互いにすくみあい、その反動として、潜在的な集団規範へ過剰に同調せざるをえない状況にあります。ある少女が語るように、「学校では、ほとんど毎日、友達に気を遣ってなくちゃ生きていけない」のが子どもたちの実情です。この過同調への強迫的な圧力こそが、現在のいじめの流動性を生み出しているのです。

（土井隆義『「個性」を煽られる子どもたち』岩波書店、二十頁）

この土井氏の分析は、中学生だけでなく大学生を見ていても私は身近に感じる。私のゼミナールで最近議論がなかなかできない学生が増えている。そのことの一つの要因として土井氏のいう「優しい関係」があると思う。ゼミで議論する相手を「批判」できないのである。「批判」を「ケンカ」や「悪口」の類と思っている節がある。それは、深夜のテレビなどで政治家などが討論する番組の影響もあるかもしれない。例えばゼミである学生が「報告」し、それから議論が始まるのだが、その報告に対する反論や「批判」をあまりしない。ゼミでは「対立」をしない「優しい関係」でいたいのであろう。というより、議論の方法がわからないのである。

さらに、議論のできない「大学生」が多く生まれている背景には、「学校裏サイト」の問題があろう。それは「現代的パノプティコン」状況といえよう。その「裏サイト」に自分のことがネガティブに書かれると、「瞬時」に「無制限」に自分に対する「悪い評価」が広まることになる。さらには、ツイッターなどによる「友人」間のトラブルは大学生にもある。そのような「情報システム社会」に住む中学生、高校生、大学生はかつての「口ケンカ」などの対面的な「コミュニケーション」とは違う匿名的な「圧力」にさらされた「パノプティコン的」社会にいるといえる。

やはり、今日の学校社会での生徒たちは、身近な集団的規範に強く裏打ちされた表面的な「優しい関係」を第一次的なものにせざるを得ないのであろう。そのような高校生活を送ってきた大学生に、ゼミですぐに「議論」をしなさいと言っても無理なのかもしれない。個々の学生や生徒には「みんな仲良く優しい」関係を学校現場では真綿で首を絞められるように

「圧力」的に求められる。

「物的」な個性論

そこで「個性」の問題が改めて浮かび上がる。つまりステレオタイプ的な集団的規範に縛られている学校生活のなかで、個々には「個性」も求められるからである。さらに今日では土井氏が言うように子どもたちは社会的に「個性を煽られている」のである。いや学校だけなく、マーケティングにおいても先に見たように「パーソナライズ・マーケティング」が重視されるし、さまざまに「大人」の世界でも「個性」が重視されている。

そのような社会的風潮のなかで、土井氏の「個性論」の分析は興味深い。氏の個性論の特徴を分かりやすく紹介するとすれば、現代の子どもたちが求めている「個性」は、身体的な「個性論」であるとする点である。さらに誤解を恐れずに分かりやすくいえば、近年巷間でいわれる「個性」が物的「個性」だということである。そのことを考える契機として、他人や自分を「血液型」によって性格を規定することが日常的に生じていることは典型的な例といえよう。なぜ、「血液」という「物的」な要素で性格を規定するのであろうか。

土井氏は現代の若者の言動において「むかつく」というような、身体的で生理的な感覚を表した文言を多用することに注目される。かつての若者は同様の文言で「頭にくる」などを発していた。しかしその「頭にくる」という言葉は、「誰々に」という「他者」という「目的語」が伴っていた。しかし、「むかつく」という言葉は、内部的で身体的感覚が重視され外部的な「目的語」はどこかに霧散している。このように内部的な感覚を重視する若者の傾向の広がりは、若者のさまざまな「評価基準」が瞬間的で感覚的になっていことを示している。そして、その「評価基準」はより内部へと進む。人物や物事の評価基準において「社会性」より自分の「感覚」が重要なのである。土井氏は次のように述べられている。

……、現在の若者たちにとっての個性とは、他者との比較のなかで自らの独自性に気づき、その人間関係のなかで培っていくものではありません。あたかも自己の深淵に発見される実体であるかのように、そして大切に研磨されるべきダイヤの原石であるかのように感受されています。その原石こそが「本当の自分」というわけです。「私にだってダイヤの原石が秘められているはずだ」と、さしたる根拠もなく誰もが信じているのです。

（『「個性」を煽られる子どもたち』二十七頁）

つまり「個性」を内部的かつ物的に捉えているのである。そいう感覚からすれば、土井氏も例に挙げられているＳＭＡＰが歌うヒット曲「世界に一つだけの花」は、物的に個性を考える子どもたちにはぴったりの歌曲であろう。その歌詞には、「……もともと特別な Only one」とあるように原石としての「個性」が強調されている。

子どもたちは個性をさまざまな場面で煽られている。とはいえその「個性」は学校などでの「他者」との関係において時には対立的な関係も含みながら「切磋琢磨」して培うものではない、内部的な「優しい人間関係」が基盤となっている。そこには社会的に開かれた「個性」が生まれる素地はない。したがって、生来的に備わっている血液型などの「物的」個性を探さざるをえなくなっている。そのことは、三浦氏のいう「下流階層」が「個性」を重視していることと、土井氏の「個性論」の方向は軌を一にしていると思う。

やはり、「原石としての個性」を目指す高校生などが、学校での勉強をドロップアウトして、ますます「オレ様化」する方向に向くことは容易に想像できる。私は、一連の下流階層の特徴に、さらに付け加えたいのがその階層が世間的で「内部的な個性」を重視する傾向をもつことである。下流階層の人々に共通するのが「社会性のなさ」だと私は思う。それが、さまざまな「下流階層」を見ていく重要な視角であろう。

また、注目すべきは「原石としての個性への旅」は土井氏が言うように不安定であることである。自分が決める「個性」には確固たる根拠がないのである。したがって身近なクラスメイトや「親友」が重要なものとなる。そこでは「ガラス細工」のような人間関係が築かれている。そのような状況を土井氏は次のように的確に分析されている。

現在の子どもたちが感じる「自分らしさ」の根拠は、生理的な感覚や内発的な衝動にあるのですから、たしかに内在的なものとはいえるでしょう。しかし、たとえ内在的な指針ではあっても、それはきわめてあいまいで主観的なものにすぎません。だから、その正当性の確証を得るために、かえって身近な人間の反応に敏感にならざるをえないのです。社会的な根拠という、いわば「一般化された他者」による承認を感じとることができないので、具体的な他者からの承認によって、自己を支えてもらわなければならないのです。(『「個性」を煽られる子どもたち』四十八頁)

ここに、土井氏のいう「個性重視」と重苦しい「優しい関係」が結びつく結節点がある。「親友」であっても、不安定な「自己」同士が友人関係にあるとすれば、いつ何かの契機で、お互いの「評価」が激変する可能性がある。なぜなら「自分らしさ」そのものが感覚的で不安定だからである。したがってそれは、友達関係において取り返しのつかない「事件」が生じる可能性が潜んでいるといえよう。やはりまさに現代の若者にあっては、深層的に「コミュニケーション不全症候群」に陥っている。

例えば、そのことは現代の大学生の生活にもみえる。多くの大学生が「ツイッター」を利用している。それは友達同士、大学の講義や試験の情報などを交換する手段でもあるし、友人関係を円滑にするためのツールでもある。しかしそこには常に「裏サイト」的な要素が底流にある。つまり、女子学生などは自分の生活を「仲間語」を多用し、感覚的で「断片的」

な可愛いい「ぼかし」文言で「露出」して、身近な友人へ親密に「自己承認」を求めているといえる。そこでも「優しい関係」が垣間見える。その「私的」かつ「本音」的なツイッターなどでのコミュニケーションを重視している学生が、「社会的評価」による承認を得るまでの道のりは遠い。やはり、ツイッターに見る「おしゃべり」のような文言内容の多くは、「自己承認」や「個性」を受け止めてくれる身近で「親密な他者」を基盤としている場合が多い。

「もしドラ」のストリーも野球部という「内部的」な組織での「コミュニケーション」であったことを思い出してもらいたい。そして、その閉鎖的なストーリー展開においても「外部」と「内部」を感じさせないのが「ミソ」であろう。その野球部の人間関係を覆い隠しているのが「甲子園」という無限に広がる「感動」であり、他校の野球部との関係などの外部を意識させない人間主義的マネジメント論であったこと見逃してはいけないのである。

しかも「もしドラ」では、個々の登場人物の生立ちを「内部指向」的に示し、それが、それぞれの人物の「個性的」な性格設定の説明につながる。つまり、私的な家族を軸とした「生立ち」が、登場人物の「キャラ」を読者に示すものとなっている。それらは、「もしドラ」の登場人物に現代的な「個性」を、読者に感じさせている役目をはたしているといえるであろう。したがって、「もしドラ」の登場人物たちは、一応のそれぞれの「個性」を持っているように感じさせられ、その彼らが感動的に「一つ」になるのがこれも「ミソ」なのである。

しかし、その「感動」の基準は、土井氏の言うような「親密圏」という社会性の薄い範囲内のことである。

「もしドラ」に潜むもの

「もしドラ」現象を生む社会的状況をあらためて最後に考えることも重要であろう。というのは、感動的な「人間主義的マネジメント」と人間的な「感情労働」が体裁よく連動し、問題の核心が「もしドラ」現象などで見えなくなる可能性があるからである。さらに視点を変えていえば、先に述べた「外部のない閉鎖的空間」が労働の現場で深化していることも、自分の置かれている仕事の位置を見えなくしている。

具体的な職場でこれまでにない事件が生じていることがそのことを示している。やはり介護労働の現場で悲惨な事件が生じていることを考えれば、さらなる「人間主義的マネジメント」の問題点を知る。

北九州市や京都市などの病院や施設において介護に携わる看護師や看護助手が、入院患者の足の爪をはがしたり、介護施設の入所者に熱湯のシャワーを浴びせたりする事件を起こしている。そこでの加害者は「仕事で上司から怒られてストレスがたまってやった」などと語っていることが新聞などで報道されている。

それらの事件から「介護労働」の難しさが見てとれる。賃金を稼ぐ仕事である一方、「介護」という人間的な「営み」を現場では要求される。とくにその「人間的営み」は、際限ない「仕事」である。平たく言えば、介護の仕事を終えて介護士が自宅で過ごす自分の時間にあっても、「介護している人」のことが頭から離れないことがあろう。商品を製造したりする仕事は、その労働の対象が「モノ」である。しかし「介護労働」の対象は「人間」である。そこには計り知れない「ストレス」が生じることは介護労働の経験がなくても想像できる。介護労働だけでなくアルバイトや非正規労働者でも仕事現場で「感情労働」を強いられ、悩んでいる人は多いであろう。つまりその仕事場での「人間関係マネジメント」の悩みである。

例えば、結婚式場などの「ブライダル産業」に従事している人も、「ブライダル」という他人の人生の記念すべき「感動的な場」をお手伝いする「人間的な仕事」である。さらに、定年退職しこれから「年金生活者」になる人に対して、その「年金の運用」を銀行などで相談を受ける銀行員を考えてみよう。その銀行員はこれからの「年金生活者」に親身に「人間的」に相談に乗らなければならない。そのような場面のテレビCMなどは日常的によく見る。われわれは、営利的な職場において人間的な「感情労働」がさまざまに高度に求められている。

それらの「賃金」を稼ぐという経済的な行為と、感情労働を伴う人間的な「仕事」という溝のある「二律背反」的な仕事現場のなかで悩んでいる人に、「もしドラ」はある種の方向を一応は提供しているといえる。つまり、人間主義的でステレオタイプ的な「感動」や、「人間関係マネジメント」論で深刻な問題を隠して展開し、最後には「答え」というべき「甲子園出場」という結果を示している。しかし、やはりそこで見逃してはいけないのは、非社会的に「なせば成る」というような自己啓発セミナー的な「達成感」が「もしドラ」で書かれていることである。その点は見抜かなければならない。

「やる気」があれば、何でもできるはずはないのである。やはり、「もしドラ」の問題は「社会性」や「他者性」の無さにある。

「もしドラ」現象の持つ問題をまとめよう。「もしドラ」に無批判的に感動する若者は、「非正規雇用の拡大による格差」の問題、「人間主義的マネジメントの求める感情労働」についての問題、「安易に感動や個性を煽る社会」の問題、それらの社会的な資本主義経済体制が持つ問題について、眼を背けさせられているのではないか。そしてそれが「下流化」を加速させているといえる。また、その「下流化」が「外部のない閉鎖社会」に悩みさまよっている多くの若者を創り出しているのではないかと思う。

さらにいえば、東日本大震災以後の原子力発電の問題やニューヨークを起点とした経済的「格差」をめぐる「デモ」の世界的広がりなどを、「もしドラ」の読者はどう捉えるだろうか。「人間主義的マネジメント」と営利的な資本主義経済的市場社会をどう考えたらいいのだろうか。その問題意識や議論に本書が少しでも役に立てばと最後に願うのである。

やはり、これまで見てきたように憂うべき「もしドラ現象」に対処するためには、最初の一章で述べたように今こそ大学などにおいて「金儲け」や「就職」のためのだけの経済学や経営学やマーケティング論ではなく、それらの学問の勉強を通して「社会を見る眼」を培う教育がいまこそ必要だと思う。

その「眼」こそは、下流的な「個性的生活」から脱却するための確固たる「道」を探し出すに違いない。ただその道には「孫引き的」な近道はない。

参考文献

岩崎夏海『もし高校野球の女子マネージャーがドラッカーの『マネジメント』を読んだら』ダイヤモンド社、二〇〇九年
P・Fドラッカー『マネジメント　基本と原則』(エッセンシャル版) 上田惇生編訳、ダイヤモンド社、二〇〇一年
P・F・ドラッカー『マネジメント(上)課題、責任、実践』野田一夫・村上恒夫監訳、ダイヤモンド社、一九七四年
P・F・ドラッカー『マネジメント(下)課題、責任、実践』野田一夫・村上恒夫監訳、ダイヤモンド社、一九七四年
内田樹『下流志向』講談社、二〇〇七年
浅田直亮・仲村みなみ『「懐かしいドラマ」が教えてくれるシナリオの書き方』彩流社、二〇〇五年
遥洋子『東大で上野千鶴子にケンカを学ぶ』ちくま文庫、二〇〇四年
三浦展『下流社会』光文社、二〇〇五年
佐藤優『国家と神とマルクス』角川文庫、二〇〇八年
大平健『豊かさの精神病理』岩波書店、一九九〇年
『現代思想　特集ドラッカー』青土社、二〇一〇年八月号
小沢雅子『新「階層消費」の時代』日本経済新聞、一九八五年
苅谷剛彦『階層化日本と教育危機』有信堂高文社、二〇〇一年
対談　内田樹氏・苅谷剛彦氏「お金と学力、その残酷な関係の行方」「中央公論」二〇〇九年三月号
カール・ポランニー『[新訳] 大転換』野口建彦・栖原学訳、東洋経済新報社、二〇〇九年

P・F・ドラッカー『傍観者の時代』風間禎三郎訳、ダイヤモンド社、一九七九年
三戸公『随伴的結果』文眞堂、一九九四年
P・F・ドラッカー『産業人の未来』田代義範訳、未来社、一九六五年
マルクス『資本論1』岡崎次郎訳、大月書店、一九七二年
マルクス『経済学批判』武田・遠藤・大内・加藤訳、岩波書店、一九五六年
エンゲルス『フォイエルバッハ論』松村一人訳、岩波文庫、一九六〇年
マルクス・エンゲルス『ドイツ・イデオロギー』廣松渉編訳、岩波文庫、二〇〇二年
フレディク・W・テイラー『新訳　科学的管理法』有賀裕子訳、ダイヤモンド社、二〇〇九年
伊原亮司『トヨタの労働現場』桜井書店、二〇〇三年
A・R・ホックシールド『管理される心』石川准、室伏亜希訳、世界思想社、二〇〇〇年
白石嘉治・大野英士編『ネオリベ現代生活批判序説』新評論、二〇〇五年
森田浩之『スポーツニュースは恐い　刷り込まれ〈日本人〉』日本放送出版協会、二〇〇七年
W・リップマン『世論』〈上・下〉掛川トミ子訳、岩波文庫、1987年
Martha L. Olney *Buy now, pay later : advertising, credit, and consumer durables in the 1920s* , Chapel Hill : University of North Carolina Press , 1991.
アルフレッド・チャンドラー『経営者の時代』(上)(下)鳥羽欽一郎他訳、東洋経済新報社、一九七九年
作田啓一『個人主義の運命』岩波書店、一九八一年
G・H・ミード『精神・自我・社会』河村望訳、人間の科学社、一九九五年
木村敏・金井恵美子『私は本当に私なのか』朝日出版社、一九八三年
藤田中「血液型神話・現代に生き続ける錯覚　教育学者古川竹二」西日本新聞、一九九八年四月三日
新宮一成『ラカンの精神分析』講談社現代新書、一九九五年

鷲田清一『じぶん・この不思議な存在』講談社現代新書、一九九六年
石井淳蔵・石原武政編著『マーケティング・ダイアログ』白桃書房、一九九九年
栗木契『リフレクティブ・フロー』白桃書房、二〇〇三年
石井淳蔵『マーケティングの神話』岩波書店、二〇〇四年
小池靖「商品としての自己啓発セミナー」河合隼雄・上野千鶴子共同編集『現代日本文化論8　欲望と消費』岩波書店一九九七年
樫村愛子「「自己啓発セミナー」の臨床社会学」大村英明・野口裕二編『臨床社会学のすすめ』有斐閣、二〇〇〇年
樫村愛子『ラカン派社会学入門』世織書房、一九九八年
樫村愛子『「心理学化する社会」の臨床社会学』世織書房、二〇〇三年
石井淳蔵・石原武政編著『マーケティング・ダイナミズム』白桃書房、一九九六年
渋谷望『魂の労働』青土社、二〇〇三年
A.Fuat Firat and Nikhilesh Dholakia (1982)"Consumption Choices at the Macro Level" *Journal of Macromarketing* ,Vol.2 ,No.2.
宇野弘蔵『価値論』（宇野弘蔵著作集第三巻、岩波書店、一九七三年）
上原征彦『マーケティング戦略論』有斐閣、一九九九年
石原武政『マーケティング競争の構造』千倉書房、一九八二年
阿部真也監修『現代の消費と流通』ミネルヴァ書房、一九九三年
中山智香子「『マネジメント』の人間主義的功罪」「現代思想」二〇一〇年八月号、青土社
樫村愛子「『もしドラ』のストーリーテリングとマネジメントの政治学／精神分析学」『現代思想』二〇一〇年八月号、青土社。

M・フーコー『監獄の誕生』田村俶訳、新潮社、一九七七年
マーク・ポスター『情報様式論』室井尚・吉岡洋訳、岩波書店、二〇〇一年
秋元英一『アメリカ経済の歴史一四九二－一九九三』東京大学出版、一九九五年
石見徹『世界経済史』東洋経済新報社、一九九九年
J・K・ガルブレイス『ゆたかな社会　決定版』鈴木哲太郎訳、岩波書店、二〇〇六年
阿部謹也『「世間」とは何か』講談社、一九九五年
Fuller,Linda and Smith,Vicki,1996 'Consumer's report : management by customers in a changing economy' ,in Macdonald, L.Cameron and Sirianni,Carmen eds.,*Working in the Service Society*,Temple University Pres.
平川克美『移行的混乱　経済成長神話の終わり』筑摩書房、二〇一〇年
江上　哲『なぜ日本企業は「消費者の満足」を得られないか』日本経済新聞、一九九九年
レスター・サラモン『NPOと公共サービス－政府と民間のパートナーシップ』江上哲監訳、ミネルヴァ書房、二〇〇七年
長沢伸也『ルイ・ヴィトンの法則』東洋経済新報社、二〇〇七年
経済産業省『二〇〇三年度版・通商白書』経済産業調査会、二〇〇三年
土井隆義『友だち地獄』筑摩書房、二〇〇八年
土井隆義『「個性」を煽られる子どもたち』岩波書店、二〇〇四年
諏訪哲二『オレ様化する子どもたち』中央公論新社、二〇〇五年
宇佐美圭司『絵画の方法』小沢書店、一九九四年

あとがき

二〇一〇年春に大学などを卒業した人のうち、就職できなかったり、就職しても三年以内に退職した人の割合が、大学・専門学校の卒業生で五二%、高卒で六八%（いずれも中退者を含む）になっていることを、内閣府が推計し二〇一二年三月に公表した。このような調査を本格的に政府が行ったことも今日の世相を反映している。

三年も経たずに離職している人の高い割合を現実に示されると考えさせられる。「もしドラ」のようには多くの人は勝ち続けはしないのである。三年以内に離職している人の多くは、ある種の「挫折」を経験していると思う。

こうした状況の中に、「もしドラ」はドラッカーをちりばめ、成功体験を振りまく。しかしそれは、小説仕立てにまぶした体裁の良い「勝ち続ける自己啓発セミナー本」である。結局はアントニオ猪木風にいう「やればできる」という類の本だともいえよう。

本文でも述べたように仕事は「やる気」だけではうまくいかないのである。その「やる気」の中身は「むき出しの欲望」が多い。その自分の欲望をよく考えてみる必要があろう。

さらには「労働力商品」としての自分もみつめる必要があろう

もし「甲子園」を目指す高校球児たちが「多くの人に感動を与えたい」などといったとしても、私たちはそれを額面通りに受けとつていいのだろうか。「甲子園」出場を狙う高校の野球部員たちは、彼らなりにどの高校に行ったら「甲子園」に出られるか計算をして高校を選ぶであろうし、さらには将来「プロ野球」を狙っている人も多いであろう。確かに「感動を与えたい」気持ちもありながらも、一方では「銭」が稼げる「プロ野球」選手にもなりたいと思っているのが実際の高校野球の球児ではないか。そのような生々しい高校生の物語であればそれはそれで面白いが、「もしドラ」はそうではない。

「もしドラ」に登場する野球部員たちの目指す「欲望」は「甲子園」という「ブランド」を得ることであろう。その「甲子園」こそは「全能感」を表す「貨幣」に等しい。その「貨幣」にむかって、「もしドラ」で「むき出しの欲望」を刺激され「ビックになってやる」などと思うとすれば、多くの人が挫折を経験せざるを得ないといってよい。それは四章などで述べたように「大穴狙い」の生き方といえる。そしてその「個性的」なリスクテイカーたちは、最終的には問題のある「市場原理主義」の術中に嵌《はま》ると、私は思っている。

もう一度日本のビジネス教育について考え直す時期を迎えているような気がしてならない。つまり、「非正規雇用の増大」や「格差の拡大」に見られるマネジメントやビジネスにおける「市場原理主義」を克服し、K・ポラニーのいう「市場を社会に埋め戻す」ことを個々のビジネスに携わる人も、制度的に考える歴史的な段階だと思う。そのためのたたき台に本書がなるとすれば望外の喜びである。

なお、本書を出版するにあたって多くの人に感謝を述べたい。特に、日本大学経済学部産業経営研究所・研究員中西大輔氏、さらに日本大学経済学部大学院博士後期課程の河田祐也君、同じく博士前期課程の葛貫辰憲君、井上慶人君には、議論の相手になってくれたり校正を手伝ってくれたことにお礼を申し上げたい。

最後になったが、二百万部も売れた「もしドラ」を批判するというテーマをもつこの著作を、出版状況が厳しいおりに、あえて世に出してくれた海鳥社・西俊明社長の「出版人としての生き方」に敬服するとともに感謝したい。

二〇一二年五月二十二日

江上　哲

江上　哲（えがみ・さとし）
1948年、福岡県に生まれる。博士（商学）。
1998－1999年ジョンズ・ホプキンス大学政策研究所客員研究員。九州国際大学経済学部教授を経て、現在、日本大学経済学部教授。
著書に『流通経済の基礎分析　商業とマーケティングから見る現代社会』（1992年、海鳥社）『なぜ日本企業は「消費者の満足」を得られないか』（1999年、日本経済新聞社）『現代流通のマクロ分析』（1996年、ミネルヴァ書房）共著に『現代の消費と流通』（1993年、ミネルヴァ書房）『現代日本の流通と都市』（1996年、有斐閣）『流通経済から見る現代　消費生活者本位の流通機構』（2003年、ミネルヴァ書房）監訳にレスター・サラモン著『NPOと公共サービス　政府と民間のパートナーシップ』（2007年、ミネルヴァ書房）がある。

「もしドラ」現象《げんしょう》を読《よ》む
■
2012年6月29日　第1刷発行
■
著者　江上　哲
発行者　西　俊明
発行所　有限会社海鳥社
〒810-0072 福岡市中央区長浜3丁目1番16号
電話 092(771)0132　FAX 092(771)2546
http://www.kaichosha-f.co.jp
印刷・製本　モリモト印刷株式会社
ISBN978-4-87415-853-1
［定価は表紙カバーに表示］